Von BERLUSCONI zu MELONI

Für Marina und Céline

Michael Braun

Von BERLUSCONI zu MELONI

Italiens Weg
in den
Postfaschismus

DIETZ

Über den Autor:
Michael Braun, geb. 1957, promovierter Politikwissenschaftler, lebt seit 1996 in Rom. Er ist Italien-Korrespondent der *taz* und Wissenschaftlicher Mitarbeiter des Büros Rom der Friedrich-Ebert-Stiftung. Buchveröffentlichungen: »Italiens politische Zukunft« (1994) und »Mutti. Angela Merkel spiegata agli italiani« (2015).

Bibliografische Information der Deutschen Nationalbibliothek
Die Deutsche Nationalbibliothek verzeichnet diese Publikation in der Deutschen Nationalbibliografie; detaillierte bibliografische Daten sind im Internet über *http://dnb.dnb.de* abrufbar.

ISBN 978-3-8012-0685-7
Auch als E-Book erhältlich: ISBN 978-3-8012-7058-2

Umschlag: Birgit Sell, Köln
Umschlagfotos: © picture alliance / ASSOCIATED PRESS | Gregorio Borgia und © picture alliance / Sipa USA | SOPA Images
Satz: Rohtext, Bonn
Druck und Verarbeitung: CPI books, Leck

Printed in Germany 2024

Besuchen Sie uns im Internet: *www.dietz-verlag.de*

Inhalt

Dritter Teil: Der Dammbruch – vom Triumph der Fünf Sterne zum Aufstieg Giorgia Melonis

Vierter Teil: Meloni an der Macht – eine Frau hält Wort

Erster Teil: Italien – die populistische Mutation unter Silvio Berlusconi seit 1994

Kapitel 1: Von Berlusconi zu Meloni – der lange Marsch der italienischen Rechten

Mit strahlendem Lächeln präsentierte sich Giorgia Meloni spät in der Nacht, nachdem die italienischen Bürger am 25. September 2022 ihr neues Parlament gewählt hatten, spreizte Zeige- und Mittelfinger zum Victoryzeichen, hielt dann ein großes Blatt mit den Worten »Grazie Italia« in die Kameras.

Die 45 Jahre junge Politikerin hatte allen Grund zur Freude. Beim Urnengang hatte ihre Partei Fratelli d'Italia (FdI – Brüder Italiens) allein 26 Prozent der Stimmen eingefahren, war die Rechtsallianz, zu der auch die rechtspopulistische Lega unter Matteo Salvini sowie Silvio Berlusconis Forza Italia gehörten, auf 44 Prozent gekommen, was ihr in beiden Häusern des Parlaments eine stabile Mehrheit von rund 60 Prozent der Sitze eintrug.

Unmittelbar nach Auszählung der Stimmen war somit klar, dass die neue Ministerpräsidentin Giorgia Meloni heißen würde, dass Italien die »rechteste Regierung seit 1945« gewärtigen musste (so Enrico Letta, der damalige Vorsitzende des Partito Democratico), die »erste extrem rechte Regierung seit Mussolini« (*Washington Post*).

Ein Primat wenigstens konnte die Römerin damit für sich beanspruchen: Sie war die erste Vertreterin einer Partei, deren Wurzeln zurück bis in den Faschismus reichten, die jetzt nach der Macht in einer westeuropäischen Demokratie griff. Noch wenige Jahre zuvor hätte dieses Szenario als völlig unrealistisch gegolten. Die Fratelli d'Italia, erst im Jahr 2012 gegründet, hatten immer bloß einstellige Wahlergebnisse eingefahren, zwei Prozent bei den Parlamentswahlen 2013, vier Prozent bei denen von 2018, schließlich sechs Prozent bei den Europawahlen 2019.

Jetzt aber waren die Fratelli auf 26 Prozent hochgeschnellt – eine Partei, die in ihrem Symbol weiterhin die »Fiamma tricolore« zeigt, jene Flamme in den Farben der italienischen Trikolore, die seit 1946 im Symbol der offen neofaschistischen Partei Movimento Sociale Italiano (Movimento Sociale Italiano – Italienische Sozialbewegung) geprangt hatte. Von faschistischen Wurzeln allerdings redete Meloni in ihrem Wahlkampf nie. Und auch die ihr lieben harten rechtspopulistischen Positionen hatte sie bei den zahlreichen Auftritten während ihrer Kampagne kaum hervorholt.

Nur wenige Jahre zuvor hatte sie noch Italiens Austritt aus dem Euro gefordert, und nur ein Jahr vor ihrem Wahlsieg hatte sie in ihrer Autobiographie »Io sono Giorgia« (»Ich bin Giorgia«) gegen die EU gewettert, die bloß »eine undefinierte Entität in den Händen obskurer Bürokraten« sei, »die über die nationalen Identitäten hinweggehen oder sie gleich abschaffen« wolle.

Solche Töne hatte sie im Wahlkampf völlig gestrichen, und ebenso wenig bot sie vollmundige Wahlversprechen, wie sie bei Populisten üblich sind. Stattdessen suchte sie die Bürger ebenso wie das besorgte Ausland mit einem Spagat zu überzeugen, ihrem Auftritt als seriöse Populistin. Tausende kamen zu ihren Kundgebungen im ganzen Land, um dort zu hören, sie werde »keine großen Versprechungen« machen. Nur zwei Dinge sagte sie zu, regelmäßig unter lautem Beifall ihrer Anhänger: Sie werde die erst im Jahr 2019 eingeführte Grundsicherung wieder abschaffen, die bloß »ein vom Staat gezahltes Taschengeld« sei, mit dem »gesunde 25-Jährige« davon abgehalten würden, sich endlich einen Job zu suchen, statt es sich auf dem Sofa bequem zu machen. Und sie werde die »illegale Einwanderung« hart bekämpfen, die Menschen ins Land bringe, die dann »als Dealer und Prostituierte« die Sicherheit in den Städten gefährdeten. Zu diesem rechtspopulistischen Sound passte auch die Polemik gegen »große internationale Finanzspekulanten«, die der Seenotrettung von Flüchtlingen ihr Geld zukommen ließen. Man darf annehmen, dass sie hier an George Soros dachte.

Auch nach ihrem Wahlsieg blieb Meloni auf dieser einmal eingeschlagenen Linie. Die ersten Glückwunschtelegramme kamen von Viktor Orbán, von Marine Le Pen, von der AfD, von der spanischen rechtsextremen Partei Vox. Und während ihre Fratelli d'Italia bis zur 2024 abgelaufenen Wahlperiode in der EKR-Fraktion des Straßburger Europaparlaments saß, gemeinsam mit der polnischen PiS, mit Vox, mit den Schwedendemokraten, während die Lega ihres Koalitionspartners Matteo Salvini dort zur Fraktion Identität und Demokratie gehörte, an der Seite Marine Le Pens und der AfD, verlor Meloni einen Monat nach dem Wahlsieg in ihrer Regierungserklärung als Ministerpräsidentin kein böses Wort mehr über die EU.

Selbstverständlich werde Italien alle europäischen Verträge einhalten und »die geltenden Regeln respektieren«, ließ sie wissen, auch wenn das Land in Brüssel »erhobenen Hauptes auftreten« wolle.

Und was war mit jener Traditionslinie ihrer Partei, die zurückführt zum Mussolini-Faschismus, jene »tiefen Wurzeln, die nie gefrieren«, wie es unter alten FdI-Kämpen gerne heißt? Treuherzig versicherte Meloni in ihrer Regierungserklärung, sie habe für den Faschismus »nie Nähe oder Sympathie empfunden«, auch wenn sie selbst im Jahr 1992, erst 15 Jahre alt, in den damals noch offen neofaschistischen Movimento Sociale Italiano eingetreten war. Doch Meloni behauptete einfach, sie sei in einer

»demokratischen Rechten« aktiv gewesen. Dann beschwerte sie sich, sie komme aus einer politischen Ecke, die »an den Rand der Republik gedrängt wurde«. Dies sei nicht zuletzt die Schuld des »militanten Antifaschismus«, der die »von der demokratischen Rechten immer erwünschte nationale Versöhnung« verhindert habe – gemeint ist die nationale Versöhnung zwischen den antifaschistischen Kräften, die in den Jahren 1943 bis 1945 gegen Mussolini und die deutschen Nazis gekämpft, und den Mussolini-Anhängern, die ihrerseits an der Seite der Deutschen die Partisanen massakriert hatten.

Mit dieser kühnen dialektischen Übung – auf Abstand zum Faschismus zu gehen, dann aber den Antifaschismus aufs Korn zu nehmen und zu behaupten, die »demokratische« Rechte (sprich die Nachfahren der Faschisten) seien ungerechterweise so »an den Rand der Republik gedrängt« worden –, bereitete Meloni den Schlussakkord ihrer Regierungserklärung vor: die Behauptung, sie habe sich dank ihres Wahlsiegs als »Underdog« gegen den herrschenden Politikbetrieb durchgesetzt.

Gewiss, dass im Jahr 2022 erstmals eine Postfaschistin zur Regierungschefin Italiens wurde, markiert einen Einschnitt in der Geschichte des Landes seit 1945. Doch auch bis zu jener Wende waren Meloni und ihre Fratelli d'Italia alles andere als Underdogs gewesen. Dies zeigt schon ein kurzer Blick auf ihre Biographie. Schon im Jahr 2006 zieht sie, gerade 29 Jahre alt, ins Abgeordnetenhaus ein, als Kandidatin aufgestellt von Alleanza Nazionale, der Vorläuferpartei der FdI, die seinerzeit – genauso wie heute – in einer Wahlallianz mit Berlusconis Forza Italia und mit der Lega angetreten war. Mehr noch: Kaum im Parlament, wird der vorgebliche Underdog Vizepräsidentin des Abgeordnetenhauses.

Der nächste Karrieresprung erfolgt nur zwei Jahre später, 2008, als sich die Rechtskoalition unter Berlusconi gegen das Mitte-links-Lager durchsetzt: Meloni zieht als Ministerin für Jugend ins Kabinett Berlusconi ein und wird dieses Amt bis zu dessen Rücktritt im Jahr 2011 bekleiden. Statt »am Rand der Republik«

war Meloni also mittendrin, ganz so wie ihre Partei. Alleanza Nazionale hatte ihre Ausgrenzung schon 1994 überwunden und seitdem immer wieder Vizeministerpräsidenten, Minister, Staatssekretäre gestellt.

Zu verdanken hatten die Postfaschisten dies dem politischen Erdbeben, das Italiens Parteiensystem in den Jahren 1992 bis 1994 erschüttert hatte – und das mit Silvio Berlusconi einen Protagonisten hervorbrachte, der die nächsten Jahrzehnte des Landes prägen sollte.

Bis 1992 hatte Italien ein unmittelbar nach dem Zweiten Weltkrieg entstandenes, fest gefügtes Parteiensystem. In dessen Zentrum stand die Democrazia Cristiana (DC), die über Jahrzehnte bei allen Wahlen die relative Mehrheit erreichte, seit 1945 ununterbrochen in allen Regierungen die stärkste Koalitionspartei war und meist auch den Ministerpräsidenten stellte, zuletzt bis 1992 den legendären Giulio Andreotti.

Möglich war dieses Machtmonopol, weil auf der anderen Seite die Opposition vom Partito Comunista Italiano (PCI) beherrscht wurde, der größten kommunistischen Partei Westeuropas, die mit 34 Prozent bei den Wahlen 1976 ihr bestes Ergebnis erreichte. Diese Partei mochte in zahlreichen Kommunen wie zum Beispiel der linken Vorzeigestadt Bologna ebenso wie in zahlreichen Regionen das Sagen haben, doch es lag auf der Hand, dass sie angesichts ihrer Verbindungen zu Moskau in Zeiten des Kalten Krieges in dem NATO-Land Italien nie an die nationale Regierung gelangen konnte, ohne Erschütterungen bis hin zu einem Militärputsch zu provozieren.

Also regierten die Christdemokraten, im Verein mit diversen kleineren Koalitionspartnern, vorneweg der Partito Socialista Italiano (PSI), der seit 1976 von Bettino Craxi geführt wurde, sowie kleinen Mitteparteien wie den Republikanern, den Liberalen und Sozialdemokraten.

Festgefügt, ja eingefroren war dieses Parteiensystem. In ihm galt: Die Christdemokraten regieren immer, die Kommunisten opponieren immer, doch auf der parlamentarischen Ebene sind sie durchaus Gesprächspartner der Regierungsparteien, stellen zum Beispiel von 1979 bis 1992 die Präsidenten des Abgeordnetenhauses.

Völlig ausgegrenzt fand sich dagegen nur eine einzige Partei: der neofaschistische Movimento Sociale Italiano , der weder an parlamentarischen Absprachen beteiligt wurde noch als Koalitionspartner in Kommunen, Provinzen, Regionen in Frage kam. Damals standen die Neofaschisten in der Tat am »Rand der Republik«. Bei den Wahlen 1992 erreichten sie fünf Prozent – und schienen vor weiteren Jahrzehnten der Ausgrenzung und völliger Machtlosigkeit zu stehen.

Doch so fest gefügt dieses Parteiensystem erschien, so fragil sollte es sich erweisen, als zuerst die Staatsanwaltschaft Mailand, dann auch die Justizbehörden zahlreicher anderer Städte im Jahr 1992 mit breit angelegten Korruptionsermittlungen begannen. Binnen weniger Monate fanden sich Dutzende Politiker vor allem der traditionellen Regierungsparteien ebenso wie zahlreiche Unternehmer als Beschuldigte in Ermittlungsverfahren wieder, in denen es immer um das eine ging: um die Vergabe öffentlicher Aufträge gegen die Zahlung üppiger Schmiergelder an Politiker und Parteien als fast flächendeckendes System. »Saubere Hände« hatten die Mailänder Staatsanwälte ihre Verfahren getauft, und die Medien sprachen bald nur noch von »Tangentopoli«, von Italien als einer Schmiergeld-Republik.

Auf äußerst dramatische Weise wurden jedoch nicht nur die politische Korruption zum Thema, sondern auch die Verstrickungen zwischen Politik und Mafia. Im Mai und Juli 1992 brachte die sizilianische Cosa Nostra die beiden Palermitaner Staatsanwälte Giovanni Falcone und Borsellino mit Bombenanschlägen um, denen auch die Begleitschutzkommandos zum Opfer fielen. Eine Schockwelle ging durchs Land, und die Beerdigungen der Anschlagsopfer in Palermo wurden zum wahren Spießrutenlauf für die von der vieltausendköpfigen Trauergemeinde angefeindeten Politiker.

Während die Mailänder Staatsanwälte den Sozialisten-Chef Bettino Craxi in gleich mehreren Verfahren beschuldigten, leitete die Staatsanwaltschaft Palermo ein Verfahren gegen Giulio Andreotti ein, den mächtigsten Christdemokraten des Landes. Ihm wurde nicht weniger als ein geheimer Pakt mit der Cosa Nostra vorgeworfen.

Als wäre dies noch nicht genug, befand sich Italien in jenen Monaten auch wirtschaftlich in schweren Wassern. Nach heftigen Spekulationen gegen die Lira hatte das Land aus dem Europäischen Währungssystem ausscheren und eine massive Abwertung seiner Währung hinnehmen müssen, während im Staatsetat große Löcher klafften. Die im Juni 1992 ins Amt gekommene Regierung unter Giuliano Amato – sie sollte die letzte von den traditionellen Parteien getragene Regierung werden – sah sich gezwungen, einen harten Sparhaushalt zu verabschieden, der zum Beispiel erstmals in der Geschichte des Landes eine Grundsteuer einführte und damit auch die vielen Wohnungsbesitzer im Land traf. Und zugleich führte sie eine Sonderabgabe von 0,6 Prozent auf alle Bankkonten im Land ein, was von den Bürgern als Enteignung wahrgenommen wurde.

Über den alteingesessenen Regierungsparteien braute sich damit der perfekte Sturm zusammen. Im Laufe des Jahres 1993 implodierten die Democrazia Cristiana, der Partito Socialista Italiano und die kleineren Mittepartner förmlich, während sich für das Frühjahr 1994 vorgezogene Neuwahlen abzeichneten. Bei diesen Neuwahlen – so schien es – konnte es nur einen möglichen Wahlsieger geben: die Allianz der Linken unter Führung der früheren Kommunisten. Sie hatten sich schon in direkter Folge des Falls der Berliner Mauer 1989 vom Kommunismus losgesagt und als Partito democratico della sinistra (Partei der demokratischen Linken) neu gegründet. Ihrem Erfolg schien schon deshalb nichts im Wege zu stehen, weil in der Mitte und auf der Rechten mit dem Zusammenbruch der Altparteien ein binnen weniger Monate kaum zu füllendes Vakuum entstanden war.

Für einen Mann vor allem war der sich abzeichnende Wahlsieg der Linken ein wahres Horrorszenario: für Silvio Berlusconi. Der 1936 Geborene hatte seit den 1960e-Jahren aus dem Nichts heraus erst als Bauunternehmer in Mailand reüssiert, um dann seit den späten 1970er-Jahren richtig durchzustarten und Italiens größtes Privat-TV-Imperium zu errichten, mit gleich drei landesweit sendenden Kanälen, die bei den Einschaltquoten fast Kopf an Kopf mit dem Staatssender *RAI* lagen.

Berlusconi inszenierte sich zeitlebens als Selfmademan, doch für seinen schwindelerregenden Aufstieg war politische Protektion gleich doppelt wichtig. Er, enger Freund des Sozialisten Bettino Craxi, konnte sich auf großzügige Kreditlinien der bis zu den frühen 1990er-Jahren staatlich kontrollierten Großbanken verlassen – und er hatte 1993 rund 4,5 Billionen Lire Schulden angehäuft, die inflationsbereinigt heute rund 4,3 Milliarden Euro entsprächen. Bislang konnte er stets auf eine seinem Konzern freundliche Mediengesetzgebung vertrauen. Doch die Linke kündigte schon an, als Regierung werde sie ein neues Gesetz anstreben, das einem privaten Anbieter den Besitz von höchstens zwei landesweiten Kanälen gestatten würde.

Rückführung der Kreditlinien, dazu ein neues Mediengesetz: Für Berlusconis Holding Fininvest hätte ein solcher doppelter Angriff die sichere Pleite bedeutet. Schlimmer noch: Im Jahr 1993 begannen die Staatsanwälte, auch bei der Fininvest und ihren Tochtergesellschaften anzuklopfen, um dort Korruptionszahlungen an Craxi und andere nachzuspüren.

Berlusconi reagierte mit einem aus der Verzweiflung geborenen Geniestreich: Wenn ihm die politische Protektion wegbrach, musste er sie sich eben selbst verschaffen, so seine Überlegung – mit der Gründung einer von ihm selbst angeführten, neuen Partei, die das von Democrazia Cristiana und Partito Socialista Italiano hinterlassene Vakuum füllen konnte.

So kam Forza Italia in die Welt, binnen Monaten aus dem Boden gestampft. Ihre Gründung verkündete der Medienunternehmer erst am 26. Januar 1994, nur wenige Wochen vor dem Tag der Parlamentswahlen, dem 27. März. Schon dieser Schritt sollte die italienische Parteienlandschaft revolutionieren, zusammen mit der Wahlallianz, die Berlusconi im Vorfeld der Abstimmung schmiedete. Zwei Bündnispartner hatte er im Boot: zum einen die Lega Nord, eine populistische Liste, die, mit rüder Rhetorik gegen das »diebische Rom«, die Interessen der reichen Nordregionen vertrat, und zum anderen jene Schmuddelkinder der Republik, die immer schon im Abseits gestanden hatten: die Neofaschisten des Movimento Sociale Italiano , die sich kurz vor den Wahlen schnell in Alleanza Nazionale umtauften, um ein wenig Distanz zur bisher gepflegten Tradition zur Schau zu stellen.

Berlusconi gelang das Unmögliche. Mit seiner eigenen Partei Forza Italia gewann er 21 Prozent, mit der Rechtsallianz eroberte er die Mehrheit im Parlament und sollte im Mai 1994 seine erste Regierung bilden. Als Eintagsfliege ordneten ihn damals viele politische Beobachter ein, als einen, der ebenso wenig in der Politik überdauern werde wie seine Retortenpartei. Doch das Gegenteil trat ein. Zwar scheiterte seine erste Regierung schon im Dezember 1994, doch Italiens Politik erlebte eine bleibende Veränderung. Auf den Trümmern der alten Parteienlandschaft entstand ein neues politisches Gefüge. Rechts der Mitte etablierte sich, bis heute, die Allianz der Forza Italia, der Lega sowie der Postfaschisten, damals Alleanza Nazionale, heute Fratelli d'Italia. Damit waren die Postfaschisten, vorher ausgegrenzt, mit einem Schlag zu vollwertigen Mitspielern der italienischen Politik geworden, die ganz selbstverständlich auf allen Ebenen, vom Stadtbezirksrat bis zur nationalen Regierung, immer wieder an der Macht beteiligt waren.

Und Giorgia Meloni, die 1992 als 15-Jährige in die Jugendorganisation des Movimento Sociale Italiano eingetreten war, konnte schon 1994 ihrem Dasein als Underdog Adieu sagen, dank Silvio Berlusconi, der zu ihrem Wegbereiter wurde.

Kapitel 2: Vom unternehmerischen Erfolg zum Triumph in der Politik

Der Unternehmer

Die Bewunderer ebenso wie die Kritiker Silvio Berlusconis dürften sich in wenigstens einem Punkt einig sein: Er verstand es immer, Gelegenheiten beim Schopf zu packen, ob in seiner Karriere als Unternehmer oder, ab 1994, bei seinem fulminanten Einstieg in die Politik, der ihn binnen vier Monaten ins Amt des Ministerpräsidenten führen sollte.

Gerade 25 Jahre war er alt, als er 1961 sein erstes Bauunternehmen gründete. Er selbst hatte kein Geld, doch sein Vater arbeitete als leitender Angestellter in einer kleinen Mailänder Privatbank, der Banca Rasini, die zu ihren Kunden auch Cosa-Nostra-Bosse wie Totò Riina oder Bernardo Provenzano zählte. Woher genau Berlusconis Kapital stammte, ist bis heute unbekannt – doch schon 1963 schob er in der vor den Toren Mailands gelegenen Gemeinde Brugherio ein Großprojekt an, errichtete dort ein komplettes Viertel für 4.000 Einwohner. Der Zeitpunkt war perfekt gewählt. Italien erlebte in den frühen 1960er-Jahren einen wahren Boom, das »miracolo economico«, das »Wirtschaftswunder«.

Wenige Jahre später legte der junge Unternehmer nach und stampfte, wiederum vor den Toren Mailands, die Trabantenstadt »Milano 2« aus dem Boden, angelegt für 6.000 Menschen. Wie gehabt blieben die Investoren anonym, getarnt hinter eine Schweizer Finanzierungsgesellschaft. Beim Bau von Milano 2 gelingt Berlusconi ein Meisterstück. Er erreicht, dass die Einflugschneise des Flughafens Mailand-Linate, die über das neue Viertel führt, verlegt wird. Schon damals pflegte er intensive Kontakte in die Politik und half – so der oft geäußerte Verdacht – mit großzügigen Zahlungen nach.

Von 1975 an erhöht Berlusconi Zug um Zug das Kapital seiner Unternehmen – und zahlt die Summen oft cash am Bankschalter ein. Nach heutigem Wert rund 300 Millionen Euro sind so auf seine Konten geflossen, und auch der Banca d'Italia gelang es in späteren Ermittlungen nicht, deren Herkunft zu ermitteln. Mehrere Kronzeugen aus den Reihen der Cosa Nostra behaupteten, Mafiabosse aus Palermo gehörten zu den Geldgebern.

Dies konnte nie bewiesen werden. Bewiesen ist hingegen, dass der Immobilienunternehmer in den Jahren 1973 bis 1975 den Mafiaboss Vittorio Mangano zu Hause in seiner Villa beschäftigte, angeblich als »Stallknecht«, in Wirklichkeit jedoch wohl als Bodyguard in Zeiten, in denen reiche Italiener immer wieder Opfer von Entführungen wurden.

Den Kontakt zwischen Berlusconi und Mangano hatte Marcello Dell'Utri vermittelt, aus Palermo stammender enger Mitarbeiter, Freund, Weggefährte Berlusconis. Dell'Utri sollte Jahre später als Unterstützer der Mafia zu sieben Jahren Haft verurteilt werden.

Zunächst aber begleitete Dell'Utri den Einstieg des Bauunternehmers ins TV-Geschäft. Der begann 1978 ganz bescheiden, mit einer Kabelfernsehgesellschaft, »Telemilano«, für die Bewohner der Trabantenstadt Milano 2. Doch nur zwei Jahre später holt Berlusconi zum großen Schlag aus, nimmt Italiens berühmtesten Showmaster, der bisher für den Staatssender *RAI* tätig gewesen war, mit einem luxuriösen Angebot unter Vertrag, schafft ein Netzwerk von 50 Lokalsendern, die von 1980 an unter dem Namen *Canale 5* ein nationales Programm ausstrahlen.

Auch andere Unternehmer warfen sich damals auf das Privat-TV-Business, schoben die Sender *Italia 1* und *Rete 4* an. Doch ihnen ging schnell die Luft aus, und in den Jahren 1982 bis 1984 übernahm Berlusconi beide Networks, verfügt so über gleich drei nationale Sender. Dass er durchhielt, während die anderen aufgaben, dürfte sich auch seinen weit besseren Kontakten zu Politik und Banken verdanken. Berlusconi war 1978 Mitglied der geheimen Freimaurerloge P2 geworden, die nicht nur den Abwehrkampf gegen die »kommunistische Gefahr« organisierte, sondern auch ein hervorragender Ort zur Pflege von Geschäftsbeziehungen war, waren doch in ihr auch diverse leitende Manager der damals noch staatlichen italienischen Großbanken vertreten.

Um Kredit vorneweg von den beiden Banken BNL und Credito Italiano musste sich der Unternehmer jedenfalls keine Sorgen machen, und zugleich pflegte er seine Freundschaft zu dem Sozialistenchef Bettino Craxi, der ihm als Trauzeuge ebenso wie als Taufpate einer seiner Töchter zur Verfügung stand. Wichtiger aber war wohl, dass Craxi – damals Ministerpräsident – im Jahr 1984 seine schützende Hand über den Freund hielt. Damals hatten mehrere Richter verfügt, dass Berlusconis drei Sender umgehend die Ausstrahlung ihrer Programme einstellen müssten, da nach dem Gesetz neben der staatlichen *RAI* bloß lokale TV-Sender rechtens waren. Craxi antwortete umgehend mit einem Regierungsdekret, das diese Urteile außer Kraft setzte. Und wenige Jahre später verabschiedete die Regierungskoalition ein Mediengesetz, das einem einzigen Anbieter – sprich Berlusconi – den Besitz von gleich drei landesweiten Privatsendern gestattete. Dieser Akt Craxis war wohl kein reiner Freundschaftsdienst. Berlusconi jedenfalls revanchierte sich 1991 mit der Zahlung eines Schmiergelds von 23 Milliarden Lire (das wären heute rund 25 Millionen Euro) an Bettino Craxi.

Als das Gesetz kam, hatte der TV-Magnat Italiens Fernsehlandschaft schon gründlich revolutioniert, hatte mit seinen eher seichten Programmen – von Shows mit leicht bekleideten Mädchen und Serien wie Dallas oder Denver bis zu den Schlümpfen – erfolgreich den Ton gesetzt. Statt TV-Pluralismus gab es nur die *RAI* einerseits und Berlusconis Kanäle andererseits, die rund 90 Prozent der Zuschauer auf sich vereinigten.

Damit war Berlusconi endgültig zur öffentlichen Figur geworden, ja auch zum Sinnbild des Unternehmers, dem alles gelang. Und er machte weiter, kaufte 1986 den Fußballclub AC Mailand und führte auch ihn schnell wieder an die italienische und europäische Spitze. Auf dem Medienmarkt mischte er weiter mit, übernahm 1989 mit Mondadori den größten italienischen Buch- und Zeitschriftenverlag, zu dessen Imperium auch die bis dato linksliberale Tageszeitung *La Repubblica* sowie die beiden wichtigsten politischen Wochenzeitschriften des Landes gehörten.

Als der damalige Mehrheitseigner von Mondadori verkaufte, hatte Berlusconi eigentlich gar keinen Zugriff: Die Eigentümerverträge des Verlags sahen ein Vorkaufsrecht für den Minderheitseigner Carlo De Benedetti vor. Doch als De Benedetti vor Gericht klagte, verlor er den Prozess – und Berlusconi hatte gezeigt, dass er nicht nur zupackend, sondern in der Wahl seiner Mittel auch wenig zimperlich war. Jedenfalls wurden der urteilende Richter ebenso wie Berlusconis Rechtsanwalt später verurteilt, weil das Urteil per Bestechung gekauft war, per Bestechung aus den Schwarzgeldfonds der Berlusconi-Holding Fininvest.

Berlusconi aber kam straffrei davon, wegen Verjährung der gegen ihn erhobenen Vorwürfe. Und mehr noch: In einem Schlichtungsverfahren hatte er sich dazu herbeigelassen, Carlo De Benedetti die Tageszeitung *La Repubblica* zu überlassen, während er selbst den Verlag Mondadori behielt. Erst im Jahr 2013 sollte er dann in einem Zivilverfahren zur Zahlung von 494 Millionen Euro Schadensersatz an De Benedetti verurteilt werden.

Doch erst einmal war der Unternehmer in den 1980er-Jahren weiterhin vor allem mit einem befasst: mit Expansion. So kaufte er im Jahr 1988 die Standa, eine der größten Supermarktketten des Landes, und stieg mit 50 Prozent in eine Finanzberatungsgesellschaft ein, aus der später die Banca Mediolanum werden sollte.

Ein König Midas war der Allroundunternehmer so in den Augen der Italiener geworden, einer, dem alles zu Gold wurde, was er anfasste, und ein Kerl, der es – so auch die Selbstinszenierung – zu einem der reichsten Männer des Landes gebracht hatte, auch wenn er nicht, wie etwa Gianni Agnelli, aus altem Geldadel stammte: ein Selfmademan eben, der allerdings gern vergessen machte, dass mysteriöse Kapitalgeber ebenso wie politische Paten ihm diesen Erfolg überhaupt erst ermöglicht hatten. Ein Selfmademan zudem, der Millionen Italienern gute Laune bescherte, ob mit seinen völlig auf Unterhaltung getakteten TV-Programmen, mit den Starkickern vom AC Mailand, der schon 1988 italienischer und 1989 Europameister wurde, oder auch beim Einkaufserlebnis im Standa-Supermarkt.

Der Politiker

Bis in die frühen 1990er-Jahre hatte Berlusconi nie auch nur die geringste Neigung gezeigt, selbst in der Politik aktiv zu werden. Doch als von 1993 an mit dem Zusammenbruch der traditionellen Parteien ein Wahlsieg der Linken drohte, vollzog er einen radikalen Schwenk, nicht zuletzt wohl auch auf Anraten seines bisherigen politischen Protektors Bettino Craxi, der sich auf der Flucht vor mehreren Haftbefehlen nach Tunesien abgesetzt hatte.

Zwei prominente Journalisten bezeugten, er selbst habe erklärt, »wenn ich nicht den Schritt in die Politik tue, lassen sie mich pleitegehen oder schicken mich ins Gefängnis«. Berlusconi reagierte, indem er erneut zum Gründer wurde, diesmal nicht eines weiteren Unternehmens, sondern einer Partei.

Am 26. Januar 1994 wandte er sich in einer Videobotschaft, die von allen Fernsehsendern ausgestrahlt wurde, an die Bürger des Landes. Er sehe sich genötigt, »aufs Feld zu gehen«, erklärte er, »aus Passion für die Freiheit«, aus Angst, Italien könne »den Kommunisten« in die Hände fallen. Diesem Schicksal wolle er sich mit seiner Partei »Forza Italia« entgegenstellen, einer »völlig neuen« Kraft, nicht zuletzt gegen die »Politiker ohne Beruf«, gegen eine »aus unverständlichem Geschwätz bestehende Politik«, nachdem die »alte politische Klasse« unter der Last der Korruptionsermittlungen und der öffentlichen Schulden zusammengebrochen sei. Von ihm hingegen dürften die Wähler »ein neues italienisches Wunder« erwarten.

Zunächst vollbrachte er das Wunder, mit Forza Italia (FI) aus dem Nichts eine neue Partei aus dem Boden zu stampfen und mit ihr genauso die politische Landschaft zu revolutionieren, wie er in den Jahren zuvor mit seinen Kanälen die TV-Landschaft revolutioniert hatte. Kritiker schmähten schnell das neue Geschöpf als »Plastikpartei«, als »Firmenpartei« oder auch als TV-Partei. Und an allen diesen Vorwürfen war etwas dran.

Der Gründer selbst hatte den Namen ausgesucht – nicht weniger als den Schlachtruf der Fans der italienischen Nationalmannschaft (»Italien vor!«). Er hatte das Parteisymbol entworfen, war nach eigener Auskunft an der Komposition der Parteihymne beteiligt. Das wirkte alles in der Tat etwas artifiziell, konnte Forza Italia doch auf keinerlei Tradition zurückgreifen.

Und natürlich war Forza Italia eine »Firmenpartei«. Zum Einsatz kam bei ihrem landesweiten Aufbau vorneweg das dichte Netz der von Berlusconi-Intimus Marcello Dell'Utri geleiteten Fininvest-Tochterfirma Publitalia, deren Vertreter die Werbezeiten auf den Berlusconi-Kanälen verkauften, deshalb mit ihren Büros im ganzen Land vertreten waren und Tausende Unternehmer kannten. Wenn Publitalia-Angestellte nicht gleich selbst als Kandidaten für die anstehenden Parlamentswahlen aufgestellt wurden, oblag ihnen die Auswahl möglicher Kandidaten, die dann in Rom gecastet wurden.

Natürlich war Forza Italia auch eine »TV-Partei«. Dank seiner drei Kanäle hatte Berlusconi ein scharfes Schwert der Propaganda in der Hand, konnte nicht nur Werbespots ohne Ende ausstrahlen. Er konnte auch auf die Hilfe von zahlreichen seiner Showmaster zählen, die im Vorfeld der Wahlen in ihren Sendungen ganz ohne Scheu für Berlusconi trommelten.

Nicht zuletzt entstand Forza Italia zudem als monarchisch geführte Partei, die ohne Kongresse, Delegiertenversammlungen, Vorstandswahlen, ohne demokratische Entscheidungen der Gremien bei der Aufstellung der Kandidaten auskam, denn nur einer traf die Entscheidungen: ihr Gründer und Chef, der »Presidente«. Möglich war dies, weil Italien über kein Parteiengesetz verfügt, das Mindestnormen für das demokratische Innenleben von Parteien festlegt.

Doch nicht nur in der Organisation einer vorneweg auf den charismatischen Anführer zugeschnittenen politischen Kraft erwies sich Berlusconi als radikaler Neuerer, der komplett mit den Traditionen der überkommenen Massenparteien brach. Auch im Ton setzte er gegenüber jenen Kräften, die er beerben wollte, gegenüber den im Untergang befindlichen Christdemokraten und Sozialisten, einen völlig neuen Akzent, der zentrale Motive des Populismus aufnahm.

Vorneweg beschwor Berlusconi immer wieder seine Vergangenheit als Unternehmer, der etwas geleistet hatte, seine Herkunft aus »dem Schützengraben der Arbeit«, als jemand, der sich gegen die »Politikaster ohne erlernten Beruf« stellte: ein klassisches populistisches Motiv, das den Gegensatz zwischen der vorgeblich sauberen Gesellschaft einerseits, der unfähigen und verkommenen Politik andererseits aufspannt. Nicht umsonst sollte er noch Jahre später in einem Facebook-Post kundtun, »ich habe mich nie als Politiker gefühlt, ich bin seit je ein Antipolitiker«.

Doch er begnügte sich nicht damit, jenen Gegensatz zu beschwören. Zugleich machte er sich daran, alte ideologische Gegensätze wiederzubeleben. Seit 1945 war Italiens Parteiensystem von der Frontstellung zwischen den Christdemokraten und ihren Koalitionspartnern einerseits, den Kommunisten andererseits geprägt – doch jene Polarisierung hatte sich in den frühen 1990er-Jahren deutlich abgeschwächt. Der PCI hatte der alten Parteiräson des Kommunismus abgeschworen, nachdem er schon in den vorherigen Jahrzehnten immer weiter auf Distanz zu Moskau gegangen war. Die Nachfolgepartei der Demokratischen Linken stellte sich im Freien Westen auf und wurde Mitglied der Sozialistischen Internationale.

Berlusconi aber tat so, als sei dies alles nicht passiert, er redete weiter von den »Kommunisten«, die nach der Macht griffen, um ein »illiberales« Regime zu errichten, um Unternehmer- ebenso wie Bürgerfreiheiten abzuschaffen. Deren »Sozialneid und Klassenhass« wolle er mit Forza Italia eine Kraft entgegensetzen, die nicht spalte, sondern eine, die im Namen der »Erfordernisse des einfachen Volks« handele.

Auch Versprechen hatte Berlusconi parat. Das »neue italienische Wunder« sollte aus »einer Million neuer Arbeitsplätze« bestehen, aus einer Höchstgrenze bei der Einkommenssteuer von 30 Prozent sowie aus großzügigen Amnestien für Steuerhinterzieher – eine hoch interessante Aussicht in Italien, in dem Land, in dem bei den Selbstständigen Steuerhinterziehung geradezu endemisch war.

Anders als spätere Populisten aber verzichtete Berlusconi darauf, abgesehen von den Kommunisten weitere Feinde ausfindig machen zu wollen und zum Beispiel Kampagnen gegen Migranten zu fahren. Statt des Schlechte-Laune-Populismus, der heute en vogue ist, setzte er vornehmlich auf einen Gute-Laune-Populismus, der dem Wahlvolk verspricht, mit seinem Sieg stehe die beste aller möglichen Welten ins Haus. Und dieses Versprechen griff: Aus dem Stand erzielte Forza Italia bei den Wahlen 21 Prozent, wurde zur stärksten Partei Italiens. Doch eine Mehrheit im Parlament kam nur zustande, weil Berlusconi mit den Noch-Faschisten und der Lega Nord zwei Partner ins Boot geholt hatte.

Die Partner: Schmuddelkinder werden über Nacht Regierungsparteien

Berlusconi hatte nur eine Chance, selbst den Wahlsieg davonzutragen und einen Erfolg der Linken zu verhindern: Es musste ihm gelingen, weitere Allianzpartner rechts der politischen Mitte zu finden. Denn im Urnengang von 1994 kam ein neues Wahlrecht zur Anwendung, das das alte Proporzsystem ersetzte. Nach dem neuen Schema wurden 75 Prozent der Sitze sowohl im Abgeordnetenhaus als auch im Senat in den Personenwahlkreisen vergeben: Wer die Nase vorn hatte, erhielt das Mandat.

Und links hatte sich schon die »Alleanza dei progressisti« (»Allianz der progressiven Kräfte«) zusammengetan, unter Führung des aus dem PCI hervorgegangenen PDS, die mit diversen anderen Parteien von den Grünen über die »Christlich-Sozialen« hin zu den Nochkommunisten ein breites Bündnis geschmiedet hatte. Diesem Lager etwas entgegenzusetzen, musste Berlusconis Hauptsorge sein. Doch die politische Mitte schied aus. Der kümmerliche Rest der Christdemokraten, der sich in dem Partito Popolare Italiano zusammengefunden hatte, verweigerte sich einem Pakt mit Forza Italia und trat seinerseits mit einem Mittebündnis an.

Damit blieben für Berlusconi und Forza Italia nur die Rechte: die Lega Nord, die in den reichen Regionen des Nordens einen fulminanten Aufstieg erlebte hatte, sowie die Neofaschisten des Movimento Sociale Italiano (Movimento Sociale Italiano – Italienische Sozialbewegung). Beide waren, wenn auch auf völlig unterschiedliche Weise, bisher als Anti-System-Kräfte aufgetreten, die außerhalb des Verfassungskonsenses standen und sich nicht nur national, sondern auch in Kommunen und Regionen am Rand des politischen Geschehens befanden. Auf der Linken und in der politischen Mitte mochten sie als Schmuddelkinder gelten, doch in den Augen Berlusconis brachten sie – ganz so wie seine eigene Neuschöpfung Forza Italia – einen entscheidenden Pluspunkt mit. Sie konnten gegenüber dem angesichts der Korruptionsskandale in Misskredit geratenen System der traditionellen Parteien für sich beanspruchen, sie seien neue und »unverbrauchte« Kräfte.

In der Tat blickte die Lega Nord auf eine gerade zehnjährige Parteigeschichte zurück. Kein Kamerateam war seinerzeit angerückt, noch nicht einmal ein Lokalreporter war gekommen, als im norditalienischen Varese am 12. April 1984 vier Männer und eine Frau bei einer Notarin zusammenkamen, um eine nagelneue Partei aus der Taufe zu heben: die Lega Lombarda.

Warum auch berichten? Umberto Bossi, der Anführer der kleinen Schar, war vor allem eines: eine verkrachte Existenz. Seine erste Frau hatte zwei Jahre zuvor die Scheidung eingereicht, weil sie entdeckt hatte, dass Bossi gar nicht wie von ihm behauptet Arzt war, sondern bloß ein abgebrochener Medizinstudent, der jeden Morgen mit Arztköfferchen das Haus verließ, angeblich um im Krankenhaus zu arbeiten, der dann aber seine Tage auf der Parkbank verbrachte.

Jetzt aber wollte Bossi es wissen. Der gescheiterte Arzt erfand sich neu als Politiker, mit einem Programm, das auf die »Autonomie« der Lombardei zielte, auf ihre »Selbstregierung«, damit sich endlich »die ethnischen Charakteristika des lombardischen Volkes« entfalten könnten. Dies war von Anfang an die Chiffre der Lega Lombarda: die Interessen der reichen Region im Norden zu vertreten gegen den Zentralstaat und den armen Süden Italiens. Niemand hätte damals einen Cent auf diese neue Partei gewettet, doch nur drei Jahre später wurde Bossi in den italienischen Senat gewählt. Er hatte ein Erfolgsrezept entdeckt, das ihm später in Westeuropa viele nachmachen sollten: das rechtspopulistische Rumpöbeln gegen die staatlichen Institutionen, die für ihn nur »das diebische Rom« darstellten, und zugleich die Mobilisierung rassistischer Reflexe bei den Wutbürger:innen – im Falle der Lega zunächst mit hartem inneritalienischem Rassismus gegen die »Parasiten« im Süden, zum Beispiel mit Auslassungen wie der, »die Lombardei ist nicht der Idiot, der die Schulden anderer zahlt. Die Lombardei denkt nicht daran, Rom passiv in den Bankrott zu folgen, weil sie nicht daran denkt, den Schweiß ihrer Söhne, den Arbeitseifer ihrer Leute auf dem Altar der römischen Missregierung zu opfern«.

Und die Frontstellung gegen Süditalien brachte Luigi Moretti, 1989 gewählter Europa-Abgeordneter der Lega Nord, so auf den Punkt: »Rassisten, wir? Das ist doch lächerlich. Rassisten sind sie, die Mafiosi, die die römischen Parteien lenken. Die, die auf dem Rücken der arbeitenden Leute des Nordens leben; die, die reden statt zu arbeiten und sich zu unseren Brüdern nur dann erklären, wenn's zu Tisch geht. Niemals, dass sie sich morgens um sechs daran erinnern, wenn wir Lombarden aufstehen, um arbeiten zu gehen«.

So gelungen erschien Bossi das Geschäftsmodell, dass er es im Jahr 1989 auf den gesamten Norden Italiens ausdehnte, per Gründung der Lega Nord. Die Rechnung ging auf. Bei den Parlamentswahlen 1992 räumte die Lega national 8,7 Prozent ab, mit Spitzenwerten von 20 Prozent in der Lombardei. Der Sound, aus dem sich der Erfolg der Lega Nord speiste, war weiterhin der harte Gegensatz gegen die Zentralregierung und den Süden des Landes, »die Befreiung von der gefräßigen und erstickenden Hegemonie der zentralistischen Regierung in Rom«.

Schon dieser elektorale Aufstieg machte deutlich, welches Potenzial für Bossis Lega in der heraufziehenden Krise der Altparteien steckte. Dass nach den 1992 begonnenen breiten Korruptionsermittlungen der Staatsanwaltschaft Mailand noch viel mehr drin war, zeigte sich dann bei den Kommunalwahlen von Mailand im Juni 1993. Dort gewann die Lega alleine 40 Prozent der Stimmen, setzte sich ihr Bürgermeisterkandidat dann im zweiten Wahlgang mit 57 Prozent klar gegen den Mitte-links-Kandidaten durch. Ähnliche Resultate erzielte die Lega in zahlreichen anderen Städten Norditaliens, und auch wo sie nicht gewann, erreichte ihr Kandidat, wie in Venedig zum Beispiel, im zweiten Wahlgang 44 Prozent der Stimmen.

Die Zahlen sprachen für sich. Ein Erfolg der Rechten war in den Nordregionen nur möglich, wenn Forza Italia mit der Lega zusammenging, und schnell war der Pakt geschlossen, der in allen Regionen bis hinunter zur Toskana die Aufstellung gemeinsamer Wahlkreiskandidaten vorsah. In Mittel- und Süditalien hingegen war die Lega gar nicht präsent – dort aber bot sich als Partner der neofaschistische Movimento Sociale Italiano an – wenn man nur bereit war, beide Augen zuzudrücken angesichts der Tatsache, dass diese Partei auch in den frühen 1990er-Jahren noch offen dem Mussolini-Faschismus huldigte. Und Berlusconi war hierzu gern bereit.

Den Movimento Sociale Italiano hatten schon 1946 alte Kameraden aus er Taufe gehoben, die dem alten Regime weiter die Treue hielten, auch wenn es an der Seite Nazi-Deutschlands von den Alliierten (und in Italien von den antifaschistischen Partisanen) besiegt worden war – alte Kameraden, die die neue Republik mit ihrer aus dem antifaschistischen Geist des Widerstands entstandenen Verfassung als Schmach empfanden. Schon der Name der Partei, Movimento Sociale Italiano, war eine offene Anspielung auf die guten alten Duce-Zeiten: Repubblica Sociale Italiana (Italienische Sozialrepublik) war der Name jenes Marionettenstaats unter Hitlers Oberaufsicht gewesen, den Mussolini in den Jahren von 1943 bis 1945 in Norditalien aufgezogen hatte.

Fast 50 Jahre lang hatte der Movimento Sociale Italiano im Abseits der Republik gestanden, mit Wahlergebnissen zwischen fünf Prozent und acht Prozent, die politisch allerdings geringen Wert hatten, da keine andere Partei je zu Koalitionen mit den Neofaschisten bereit war. Zwar behauptete der Movimento Sociale Italiano, vorneweg sein charismatischer Führer Giorgio Almirante, der bis zu seinem Tod 1988 im Amt blieb, die Partei wolle den Faschismus nicht wiedererrichten. Er fügte aber hinzu, sie werde ihn auch nicht verdammen. Derweil propagierte sie autoritäre Lösungen, rief nach einem Präsidialregime, ließ an ihren Sympathien für die bis zur Mitte der 1970er-Jahre in Spanien, Portugal oder Griechenland herrschenden Rechtsdiktaturen oder auch für das Pinochet-Regime in Chile keine Zweifel.

Auch unter Gianfranco Fini, der Almirante als Parteichef gefolgt war, hatte sich an der Ausrichtung nichts geändert. »Ich glaube an den Faschismus«, erklärte er 1989, und 1992 legte der damals 40-Jährige nach, für ihn sei Mussolini »der größte Staatsmann des Jahrhunderts« – eine Aussage, die er noch 1994 wiederholen sollte. Auch bei den Wahlen 1992 hatte der Movimento Sociale Italiano nur magere 5,4 Prozent eingefahren. Doch die unmittelbar darauf einsetzende Krise der alten Parteien erschloss auch ihm völlig neue Potentiale bei Protestwählern, wie sich schnell zeigte. Bei den Kommunalwahlen in Rom trat 1993 Parteichef Gianfranco Fini selbst als Bürgermeisterkandidat an und holte im ersten Wahlgang 35 Prozent, in der Stichwahl 47 Prozent. Und in Neapel kandidierte die Duce-Enkelin Alessandra Mussolini; sie kam in der ersten Runde auf 31 Prozent, in der zweiten Runde dann auf 41 Prozent. Zu Siegen reichte das nicht – wohl aber zu der Demonstration, dass in weiten Teilen der konservativ gestimmten Wählerschaft angesichts des mit dem Zusammenbruch der alten Regierungsparteien drohenden Vormarschs der Linken jedweder Vorbehalt gegen die Faschisten gefallen war.

Gefallen war er auch bei Berlusconi, der schon im November 1993 offen zur Wahl Finis in Rom aufgerufen hatte. Im Vorfeld der Parlamentswahlen 1994 schloss er dann für Mittel- und Süditalien den Pakt zwischen Forza Italia und dem Movimento Sociale Italiano . Und die Rechnung ging auf: Die Parlamentswahlen vom März 1994 wurden zum Triumph für Italiens Mitte-rechts-Lager, für jenes Bündnis aus drei Parteien, von denen die eine bis zwei Monate vor der Wahl gar nicht existiert hatte, während die beiden anderen als offene Gegner der Verfassungsordnung bisher immer ein Schattendasein am Rande der Republik geführt hatten.

Berlusconis Sieg 1994: eine »Episode« mit weitreichenden Folgen

Der Wahlsieg dieser neuen Rechten am 27. März 1994 war fulminant. Forza Italia erreichte 21 Prozent, die schnell in Alleanza Nazionale umgetaufte neofaschistische Partei Movimento Sociale Italiano 13,5 Prozent und die Lega Nord 8,4 Prozent. Das Rechtslager lag damit klar vor dem Lager der »Progressiven« (34 Prozent), während der Mitteblock um die Rest-Christdemokratern sich mit 15,8 Prozent bescheiden musste. Im Mai 1994 dann war die Sensation perfekt: Berlusconi, der nicht einmal vier Monate vorher offiziell in die Politik eingestiegen war, legte den Amtseid als Ministerpräsident ab.

So rasant aber dieser Aufstieg der Rechten gewesen war, so schnell kam der Fall. Schon im Dezember 1994 musste Berlusconi den Rücktritt einreichen, gescheitert an den inneren Konflikten seiner Koalition, in der sich Bossis ultraregionalistische Lega Nord bald sowohl mit den stramm nationalistischen Postfaschisten als auch mit Berlusconis Forza Italia überwarf. Vorschnelle Beobachter urteilten damals, Berlusconis sei offenkundig nur ein Meteorit am politischen Himmel Italiens gewesen. Sie täuschten sich. Stattdessen sollte er zum Fixstern werden, zu einem Fixstern, der die politischen Koordinaten des Landes nachhaltig verschoben hatte.

Vorneweg wäre da die dauerhafte Umwälzung des Parteiensystems zu nennen. Das Gros jener Wähler, die vordem für die im Ton gemäßigten Christdemokraten, für die Sozialisten oder Liberalen gestimmt hatten, votierten nunmehr für laute rechte Populisten – und vereinten in diesem Votum ihre Unzufriedenheit über die »alten« Parteien mit der Sorge vor einem möglichen Wahlsieg der Linken. Schon in den vorgezogenen Parlamentswahlen von 1996 sollte sich zeigten, welches Potential die drei neuen Protagonisten von rechts hatten. Zwar gewann das Mitte-links-Bündnis unter Romano Prodi jene Wahlen, doch erfolgreich war es nur, weil die Rechte gespalten angetreten war, mit einem Wahlbündnis von Forza Italia und Alleanza Nazionale einerseits und der separaten Kandidatur der Lega andererseits. Alle Rechtskräfte zusammen holten jedoch 52 Prozent der Stimmen – und wären sie gemeinsam angetreten, hätten sie einen Erdrutschsieg nach Hause getragen.

Zweitens aber hatte Berlusconi mit seinem Einstieg in die Politik die Wahlen von 1994 in ein Plebiszit über seine Person verwandelt. Auch dieses Element sollte bleiben. Hatten in früheren Jahrzehnten zuerst die Parteien und dann erst ihre Frontleute gezählt, so kehrte sich mit Berlusconi das Verhältnis um. Nunmehr wurde die Führungsfigur ausschlaggebend, zunächst immer wieder Berlusconi selbst, später weitere vermeintliche Heilsbringer vom Schlage des Comedians Beppe Grillo oder des Jungpolitikers Matteo Renzi bis hin zu Matteo Salvini und zuletzt Giorgia Meloni.

Drittens war die Kampagne von 1994 der Wahlkampf, in dem erstmals das Fernsehen eine überragende Rolle spielte – ein Fernsehen allerdings, das zu einem Gutteil von einem der Kandidaten, von Silvio Berlusconi, kontrolliert war.

Viertens hatte Italiens Politik damit ein Thema, für das nie eine Lösung gefunden wurde: den Interessenkonflikt eines Milliardärs und Medientycoons, der zugleich an vorderster Front in der Politik mitmischte, als Parteichef, als Ministerpräsident oder als Oppositionsführer.

Und fünftens hatte sich schon im Jahr 1994 ein weiterer bleibender Konflikt manifestiert, der zwischen dem Unternehmer-Politiker Berlusconi und der Justiz. Im November 1994 erhielt der damalige Ministerpräsident ausgerechnet an dem Tag, an dem er einer internationalen Konferenz zum Kampf gegen das organisierte Verbrechen vorsaß, eine Vorladung der Staatsanwaltschaft Mailand, weil er Beamte der Finanzpolizei bestochen haben sollte, um Korruptionsermittlungen von seinen Unternehmen abzuwenden. Auch dieser erstmals aufgebrochene Konflikt sollte das Land in den folgenden Jahrzehnten begleiten.

Kapitel 3: Die goldenen Jahre des Berlusconismus

Der »Marsch durch die Wüste«

Als »Marsch durch die Wüste« sollte Silvio Berlusconi später jene langen Jahre vom Dezember 1994 bis zu seinem erneuten Wahlsieg im Jahr 2001 bezeichnen, Jahre, in denen er sich in die Opposition verbannt sah. Nach dem Intermezzo einer Technokratenregierung unter dem früheren Zentralbankchef Lamberto Dini hatte ein breites Mitte-links-Bündnis unter Romano Prodi 1996 die Wahlen gewonnen und sollte fünf Jahre lang regieren.

Doch auch wenn der Zug durch die Wüste auf den Spuren von Moses gut sechs Jahre dauerte, wurde er für den zum Politiker gewendeten Unternehmer alles andere als eine Durststrecke. Im Gegenteil: Er verwandelte sich zum Beweis, dass Berlusconi in die Politik eingetreten war, um zu bleiben, unterstützt von Millionen Italienern. Und indirekt wurde er unterstützt auch von seinen Gegnern.

Das Mitte-links-Bündnis nämlich war ein fragiles Konstrukt mit einer Spannbreite, die von konservativen Christdemokraten zu den Kommunisten reichte. Und, schlimmer noch, es verfügte nur über eine hauchdünne parlamentarische Mehrheit. Eines wenigstens gelang Prodi. Er führte mit solider Haushaltspolitik Italien in den Euro. An einer weiteren, für die Zukunft des Landes in den nächsten Jahrzehnten entscheidenden Frage aber scheiterte seine Koalition völlig: an der Verabschiedung eines Gesetzes zur Regelung des Interessenkonflikts, dank dessen Berlusconi als größter Medienunternehmer des Landes die geballte Macht seiner TV-Sender, Zeitungen und Zeitschriften zum Vorteil des Politikers Berlusconi einsetzen konnte.

Eben jener Einsatz erfolgte tagtäglich, und er trug Früchte. Der Konsens des politischen Newcomers blieb ungebrochen.

Zugleich nutzte er die Oppositionsjahre ebenso wie sein Milliardenvermögen, um Forza Italia zu konsolidieren und ihr Parteistrukturen im ganzen Land zu verleihen. Eines blieb ihm hierbei wichtig, die Tatsache, dass Forza Italia »das Gegenteil der alten, der ideologischen Parteien ist«. Das Gegenteil war die Partei vor allem in einem Punkt, im völligen Verzicht auf demokratische Binnenstrukturen. Ihr Chef war monarchischer Anführer, dem das Statut erlaubte, »die Händler aus dem Tempel zu jagen« – so seine Worte. Immer blieb Forza Italia eine Partei, in der nur einer wirklich entschied: Berlusconi selbst, der über alle Führungspositionen in der Partei ebenso wie über alle Kandidaturen bei Wahlen nach eigenem Gutdünken das letzte Wort sprach.

Die Europawahlen 1999 genauso wie die Regionalwahlen 2000 sollten zeigen, dass Berlusconis Rechnung aufgegangen war, dass er sich stabil in Italiens Politik verankert hatte. Bei den Europa-Wahlen erzielte Forza Italia 25 Prozent, und die postfaschistische Alleanza Nazionale erreichte zehn Prozent. Ein Jahr später dann, als die Italiener in 15 der 20 italienischen Regionen an die Urnen gerufen waren, hatte Berlusconi es geschafft, das Zerwürfnis mit Umberto Bossis Lega Nord zu heilen, das im Jahr 1994 zum schnellen Ende seiner ersten Regierung geführt hatte. Jetzt dagegen trat die Rechte wieder geeint an – wie sie es bis heute immer tun sollte. Ihr gelang es, gleich zehn der 15 Regionen für sich zu erobern und damit zur unangefochtenen Favoritin der Parlamentswahlen 2001 zu werden.

»Eine italienische Geschichte«

Wenige Wochen vor den für den 13. Mai 2001 anberaumten Parlamentswahlen flatterte allen italienischen Haushalten ein Hochglanzmagazin, Umfang 128 Seiten, in den Briefkasten. Sein Titel: »Una storia italiana«, »Eine italienische Geschichte«.

Es war die Geschichte des unangefochtenen Protagonisten dieses Wahlkampfs, die Geschichte Silvio Berlusconis, bebildert mit rund 200 Fotos, die Silvio in allen Lebenslagen zeigten, mit seiner Frau, seiner Mutter, seinen Kindern, seinen AC-Mailand-Kickern, seinen TV-Show-Stars. Aus dem Text erfuhren die Italiener, dass da einer kandidierte, der »aus dem Nichts« sein Unternehmensimperium aufgebaut und so den »amerikanischen Traum« realisiert habe, schlicht weil er imstande sei, »Träume in Realität« zu verwandeln. Dass da von einem wahren Genie die Rede ist, dürfen schon Schulkameraden und Gymnasiallehrer bestätigen, die zu berichten wissen, dass er in Italienisch, Latein und Altgriechisch exzellente Leistungen ablieferte, aber auch im Sport ein As war.

Doch natürlich ist auch von der Politik die Rede, von jenem »Ruf zu den Waffen«, den er 1994 vernahm, als der Sieg der »Kommunisten« drohte und mit ihm »eine unsichere, erstickende und illiberale Zukunft«. »Basta mit der Politik der Worte, des Geschwätzes, wir brauchen eine andere, eine saubere Politik«, dekretierte Berlusconi.

Wo früher Massenparteien in den Wahlkampf zogen, um für sich zu werben, für ihre Kandidaten im Parlament – und wo bis 1994 die Figur des Spitzenkandidaten schlicht unbekannt war –, da tritt jetzt ein Mann als charismatische Lichtgestalt an. Ein Mann, der in bester populistischer Manier den direkten Dialog mit dem Wahlvolk sucht, der sich ihm als Retter andient. Wie das Rettungspaket aussah, machte er fünf Tage vor der Wahl in einem theatralischen TV-Auftritt deutlich.

Geladen als Gast in einer Talk-Sendung des Staatssenders *RAI*, erklärte er dort, er wolle vor der Wahl einen »Vertrag mit den Italienern« unterzeichnen. Die Show war bestens vorbereitet, der dienstbare Talkmaster rückte umgehend einen kleinen Schreibtisch heran, Berlusconi nahm Platz, verlas seinen »Vertrag« und unterzeichnete ihn feierlich. Seine zentralen Versprechen waren:

- eine radikale Steuersenkung mit nur noch zwei Einkommenssteuertarifen, der höhere von ihnen bei 33 Prozent;

- Auflegung eines »Plans für die Sicherheit der Bürger und die Bekämpfung der Kriminalität« zwecks radikaler Senkung der Verbrechensrate;
- Erhöhung der Mindestrenten auf eine Million Lire monatlich (rund 517 Euro);
- Schaffung von einer Million Arbeitsplätzen;
- große öffentliche Infrastrukturinvestitionen in Straßen, Eisenbahnen, U-Bahnen, unter ihnen die Brücke von Messina, die Sizilien mit dem italienischen Festland verbinden soll (und die auch heute wieder zu Giorgia Melonis Vorhaben zählt).

Werde er nicht mindestens vier dieser fünf Ziele erreichen, heißt es am Ende des Vertrags, dann werde er im Jahr 2006 nicht wieder zu den Wahlen antreten.

Andere Populisten, die später in Italien und anderwärts erfolgreich sein sollten, setzten vor allem auf den Aufbau von Drohkulissen und Angstszenarien, um die Wähler für sich zu gewinnen, auf die Beschwörung der »Invasion« von kriminellen Ausländern, auf die angeblich ins Haus stehende Zersetzung traditioneller Werte oder den Verlust der nationalen Souveränität durch Globalisierung und europäische Integration. Berlusconi dagegen bot einen Gute-Laune-Populismus, der vor allem von Versprechen lebte, von der Verheißung niedriger Steuern, höherer Renten, sinkender Arbeitslosigkeit, staatlicher Mega-Investitionen.

Vor allem aber war er selbst das Versprechen, er, jener Mann, der »Italien verändern will«, wie es in dem im Wahlkampf verteilten Hochglanzmagazin hieß. Und die Italiener nahmen ihm dieses Versprechen ab; 29 Prozent stimmten für Forza Italia, zwölf Prozent für die postfaschistische Alleanza Nazionale, vier Prozent für die Lega Nord. Im Abgeordnetenhaus verfügten die Rechtsparteien über 368 der 630 Mandate, im Senat über 176 von 315 Sitzen. Mit dieser komfortablen Mehrheit würde Berlusconi fünf Jahre lang regieren. Versprochen hatte er, das Land förmlich umzustülpen. Dies wird er auch tun, doch er beginnt nicht bei den im »Vertrag mit den Italienern« aufgelisteten Versprechen, bei Steuern, Renten, Investitionen. Im Mittelpunkt seines Wirkens in den folgenden Jahren werden stattdessen jene zwei höchstpersönlichen Probleme stehen, die ihn in die Politik getrieben haben: seine Händel mit der Justiz sowie die Verteidigung seines Medienkonzerns.

Berlusconi und die Justiz: Angriff ist die beste Verteidigung

Als Berlusconi im Juni 2001 erneut einen Amtseid als Ministerpräsident schwor, waren gegen ihn schon diverse Verfahren im Gang, teils noch im Ermittlungsstadium, teils liefen die Prozesse schon. Und sie betrafen nicht nur ihn selbst, sondern vorneweg zwei Mitarbeiter, die ihn in all‘ den Jahrzehnten erst der unternehmerischen, dann der politischen Karriere begleitet hatten: Cesare Previti und Marcello Dell'Utri.

Previti, Rechtsanwalt aus Rom, hatte für Berlusconi bei zahlreichen Geschäften als juristischer Begleiter gewirkt, mit in den Augen der Justiz oft zweifelhaften Methoden wie Richterbestechung. Der Manager Dell'Utri, so der Verdacht der Staatsanwaltschaft Palermo, war wiederum der Kontaktmann der Berlusconi-Unternehmen in dunkleren Gefilden mit kurzem Draht zu Cosa-Nostra-Bossen.

Und die Vorwürfe hatten es in sich. In einigen Verfahren war Berlusconi der Bilanzfälschung beschuldigt, der illegalen Parteienfinanzierung noch zu Zeiten seines Freundes Bettino Craxi, aber auch der Richterbestechung, um Rechtsstreitigkeiten zu seinen Gunsten zu beeinflussen.

Zuvor hatte der Medienmagnat im Ausland in Steueroasen ein wahres Schwarzgeldparadies angelegt, die Untergrund-Holding »All Iberian«. Sie wurde mit Hunderten Millionen Euro gefüttert, die über die Abwicklung fiktiver Geschäfte von Filmrechten zustande kamen: Die Medienholding Mediaset zahlte auf dem Papier völlig überhöhte Preise für den Ankauf von Filmrechten, und ein Gutteil der Summen landete am Ende auf Berlusconis ausländischen Schwarzgeldkonten. Die Staatsanwaltschaft Mailand schätzte, dass so über die Jahre rund 280 Millionen Euro illegal transferiert wurden, zum Schaden nicht nur der Minderheitsaktionäre von Mediaset, sondern auch der italienischen Steuerbehörde.

All Iberian war eine wahre Kriegskasse. Als Berlusconi sich zum Beispiel 1989 den Zugriff auf den Mondadori-Verlag sicherte, bremste er den erwähnten Minderheitseigner von Mondadori aus, der eigentlich nach den Gesellschaftsverträgen ein Vorkaufsrecht auf die Mehrheitsanteile an Italiens größtem Buch- und Zeitschriftenverlag gehabt hätte.

Doch völlig überraschend gewann Berlusconi dann den Zivilprozess vor dem Gericht in Rom. Im Jahr 1995 hatte eine Zeugin die Staatsanwälte auf die richtige Spur gebracht: Berlusconis Anwalt Cesare Previti hatte die urteilenden Richter mit hohen Geldbeträgen geschmiert – und einer dieser Richter heuerte auch noch kurz nach dem Ende des Prozesses als Anwalt in Previtis Kanzlei an.

Für Berlusconi selbst endete dieses Verfahren schon im Jahr 2001 glimpflich, mit einer Einstellung wegen Verjährung. Ihm war bloß »einfache« Bestechung vorgeworfen worden. Previti dagegen, gegen den die Anklage Richterbestechung lautete – ein Delikt mit einem höheren Strafmaß und längeren Verjährungszeiten – musste vor Gericht. Der Prozess zog sich bis ins Jahr 2005 hin und endete mit der Verurteilung Previtis zu sieben Jahren Haft.

Wenn Berlusconi in diesem Fall auch aus dem Schneider war, liefen doch zahlreiche Verfahren gegen ihn weiter. Es bestand also Handlungsbedarf. Und der Ministerpräsident hatte vorgesorgt. Er beschäftigte nicht nur Heerscharen von Anwälten bei Gericht – er hatte einige von ihnen zugleich auch im Jahr 2001 auf den Listen seiner Forza Italia zu Abgeordneten und Senatoren wählen lassen.

Noch im Wahlkampf hatte der neue Regierungschef den entschlossenen Kampf gegen die Kriminalität versprochen, doch seine zu Parlamentariern gekürten Anwälte machten sich umgehend daran, wenigstens für Weiße-Kragen-Täter wie ihren Chef in die entgegengesetzte Richtung zu arbeiten, mit immer neuen Gesetzen, die vor allem darauf zielten, Berlusconi aus der Schusslinie der Justiz zu nehmen.

So bringt Forza Italia im Oktober 2001 ein Gesetz zu einem Rechtshilfeabkommen mit der Schweiz durchs Parlament. Danach sollen nur solche Dokumente aus der Schweiz in italienischen Prozessen Verwendung finden dürfen, die im Original vorliegen oder mit Stempel beglaubigt sind. Fein für Berlusconi: In diversen Verfahren vor allem rund um seine ausländischen Schwarzgeldkonten hatte die Schweiz belastende Dokumente geschickt, die diesen Ansprüchen nicht genügten. Dumm für Berlusconi: Die Richter in Mailand verweigerten die Umsetzung des neuen Gesetzes, da es in keiner Weise den internationalen Gepflogenheiten und der Umsetzung der Rechtshilfeabkommen mit anderen Ländern entsprach.

Doch im Jahr 2002 sind die Forza-Italia-Juristen erfolgreicher, mit der Reform des Bilanzfälschungs-Paragraphen im Strafgesetzbuch. In den meisten Fällen wird Bilanzfälschung vom Straftatbestand zu einer reinen Bußgeldsache heruntergestuft, und das Delikt ist kein Offizialdelikt mehr, bei dem die Staatsanwaltschaften aus eigener Initiative ermitteln dürfen. Es wird nur verfolgt, wenn ein privater Kläger auftritt. Gleich fünf Prozesse waren damals gegen Berlusconi wegen Bilanzfälschung anhängig – und sie alle mussten umgehend eingestellt werden.

Im Juni dann holt das Berlusconi-Lager zum großen Schlag aus, verabschiedet eine Norm, nach der alle gegen den Staats- und den Ministerpräsidenten ebenso wie gegen die Präsidenten der beiden Häuser des Parlaments und des Verfassungsgerichts laufenden Verfahren während deren Amtszeit ruhen sollen. Doch auch dieses Ansinnen scheitert; das Verfassungsgericht stuft es als verfassungswidrig ein.

Von Erfolg gekrönt war dagegen ein im Jahr 2005 verabschiedetes Gesetz. Für alle nicht vorbestraften Angeklagten verkürzte es generell die Verjährungszeiten. Es stellte damit auf eine italienische Besonderheit ab. Während zum Beispiel in Deutschland – ebenso wie in vielen anderen europäischen Ländern – die Verjährung durch die Einleitung eines Verfahrens angehalten wird, läuft sie in Italien einfach weiter. Es lohnt sich also durchaus, im Prozess auf Zeit zu spielen – und außerhalb des Prozesses Verjährungszeiten zu verkürzen. Die neue Reform griff sofort und brachte einen weiteren Prozess gegen Berlusconi vorzeitig zu einem Ende, in dem es um Bestechungszahlungen an einen britischen Anwalt ging, der in einem der zahlreichen Verfahren um die Schwarzgeldkassen falsch aussagte.

Daneben brachte das Gesetz von 2005 eine weitere Neuerung. Es verfügte, dass zu Haftstrafen Verurteilte, die über 70 Jahre alt waren, ihre Haft nicht mehr im Gefängnis verbüßen, sondern bloß in Hausarrest mussten. Cesare Previti war damals schon 70, Berlusconi sollte ein Jahr später diesen Geburtstag feiern – und zumindest Previti drohte eine Verurteilung in naher Zukunft.

Im Jahr 2006 legte dann der von Forza Italia ins Parlament entsandte Rechtsanwalt Gaetano Pecorella mit einem weiteren Gesetz nach. Es sollte den Staatsanwaltschaften verbieten, nach einem Freispruch des Angeklagten in erster Instanz in Berufung zu gehen – die Berufung als Option sollte nur noch den Angeklagten, nicht den Klägern offenstehen. Den Kern dieser Sorte Rechtsgestaltung sprach Pecorella selbst offen aus. »Es ist wahr, es wurden Gesetze gemacht, die für bestimmte Prozesse funktional sein sollten«, erklärte er und nannte auch den Grund: Es sei darum gegangen, »Berlusconi das Regieren zu erlauben«.

Begleitet wurden Berlusconis Prozesse selbst ebenso wie die auf ihre Verhinderung zielenden gesetzlichen Interventionen von einer Dauerkampagne mit dem immer gleichen Refrain: In den Verfahren gehe es gar nicht um mögliche Delikte des Unternehmers, sondern um die »politische Verfolgung« des Staatsmanns Berlusconi, ins Werk gesetzt von »kommunistischen Staatsanwälten«, von »roten Roben«, die auf einen »Justizputsch« gegen die gewählte Regierung zielten. »Keinem Angriff« werde er weichen, erklärte Berlusconi, »weder von den Richtern noch von den Roten Brigaden« – und machte so deutlich, dass für ihn die Justiz an der Seite des Linksterrorismus zu verorten war. Grob wurde er immer, wenn er über die Justiz sprach: Mal waren die Staatsanwälte »ein auszumerzendes Krebsgeschwür«, mal durften sie sich bescheinigen lassen, sie seien »verrückt, mental gestört, anthropologisch anders als die menschliche Rasse«.

Wucht konnte diese Kampagne vor allem deshalb gewinnen, weil der Regierungschef nicht nur das größte private Medienimperium des Landes beherrschte, sondern weil er aus seinem politischen Amt heraus nun auch direkten Zugriff auf die staatliche TV-Anstalt *RAI* hatte.

Berlusconi und die Medien

Drei der sechs den gesamten nationalen TV-Markt beherrschenden Stationen hielt Berlusconi in eigener Hand, doch im Jahr 2002 machte er sich – kaum stand die Neubesetzung der Spitzenpositionen des Staatssenders an – auch die *RAI* zu okkupieren. Seine Regierungsmehrheit setzte als neuen Generaldirektor Agostino Saccà durch, einen Mann, der treuherzig bekannt hatte, »ich und meine ganze Familie wählen Forza Italia«. Wellenchef der *RAI1* wurde ein ehemaliger Forza-Italia-Abgeordneter, Wellenchef bei *RAI2* ein früherer Staatssekretär aus den Reihen der Lega Nord, und der Nachrichtenchef der *RAI1* war ebenfalls ein Berlusconi-Mann.

Wo die Anstalt hinsteuern sollte, machte Berlusconi selbst im April 2002 deutlich, mit einer Stellungnahme, die als »bulgarisches Edikt« in die Geschichte eingehen sollte, weil Berlusconi sich während einer Regierungsreise aus Sofia zu Wort meldete. Er warf zwei Journalisten sowie einem Comedian vor, sie hätten das Fernsehen »in krimineller Manier benutzt«, und es liege jetzt an »der neuen Senderspitze«, dies in Zukunft zu verhindern.

Das Verbrechen der drei bestand schlicht darin, dass sie es sich in ihren Sendungen erlaubt hatten, Berlusconi mit kritischen Augen zu betrachten, ja sogar auf seine Prozesse zu sprechen zu kommen. Und die »neue Senderspitze« konnte bald Vollzug melden: Alle drei wurden aus dem Programm gekegelt.

Aber auch um die Absicherung seines eigenen Imperiums kümmerte sich der Ministerpräsident aus seinem Amt heraus. Im Jahr 2004 verabschiedete das Parlament ein neues Mediengesetz, das sich nicht darauf beschränkte, dem Tycoon ruhige Nächte zu bereiten, weil es ihm definitiv das Recht zusprach, drei nationale TV-Vollprogramme terrestrisch auszustrahlen. Das Gesetz leistete mehr – es garantierte der Mediaset deutlich höhere Werbeeinnahmen. Hatte deren Obergrenze nach dem alten Gesetz bei damals 3,6 Milliarden Euro jährlich gelegen, so stieg sie nun auf 4,8 Milliarden.

Zeitgleich aber verabschiedete die Berlusconi-Koalition im Parlament ein weiteres Gesetz, das den Kritikern der in einer westlichen Demokratie einzigartigen Medien-Übermacht des Ministerpräsidenten den Wind aus den Segeln nehmen sollte. Geregelt wurde hier der »Interessenkonflikt« zwischen politischem und unternehmerischem Wirken – mit einer windelweichen Regelung. Wer politische Ämter bekleidete, so die neue Norm, durfte nicht parallel operativ ein Unternehmen führen. Berlusconi musste sich nicht betroffen sehen: Er hatte sich schon 1994, bei seinem Eintritt in die Politik, wenigstens aus der operativen Leitung aller seiner Unternehmen zurückgezogen. Nichts stand in dem Gesetz hingegen davon, ob ein Politiker ein Medienhaus besitzen durfte. So ging es weiter wie bisher. Berlusconi regierte – und die Mediaset führten seine alten, ihm treu ergebenen

Manager, zu denen seit dem Jahr 2000 als Vizepräsident der Mediaset Berlusconis Sohn Piersilvio und seit 2003 als Chefin des Mondadori-Verlags Tochter Marina zählten.

Berlusconi im Regierungsalltag

Neben der Lösung seiner Justiz- und Medienprobleme hatte der Milliardär jedoch ganz nebenher auch Italien zu regieren. Als »Liberaler« hatte er sich immer bekannt, doch er war ein Liberaler der ganz eigenen Sorte. Gewiss, ins neoliberale Schema passte, dass seine Regierung sich umgehend an die Lockerung des Kündigungsschutzes für Arbeitnehmer machte. Die hatten in Italien seit 1970 eine für sie vorteilhafte Regelung, die von der allgemeinen Rechtsprechung der Arbeitsgerichte unterstützt wurde. Wurde eine Kündigung vom Arbeitsgericht als unrechtmäßig eingestuft, so konnte der Arbeitnehmer in der Regel an seinen alten Arbeitsplatz zurückkehren – anders als etwa in Deutschland, wo solche Verfahren meist mit der Zahlung einer Abfindung endeten, ohne dass der klagende Arbeitnehmer seinen alten Arbeitsplatz zurückerhielt.

Erfolg hatte die Regierung mit diesem neoliberalen Vorstoß jedoch nicht; massiver gewerkschaftlicher Protest bewog sie schnell zum Rückzug. Mehr Fortune war ihr auf dem Feld der Steuerpolitik beschieden – allerdings keineswegs mit dem im Wahlkampf versprochenen radikalen Umbau der Einkommenssteuer, der gar nicht erst in Angriff genommen wurde.

Stattdessen verabschiedete die Regierungsmehrheit eine breit angelegte Steueramnestie. Italien durfte sich damals – und darf sich auch noch heute – zu jenen Ländern Europas zählen, in denen Unternehmer, Händler, Handwerker und Freiberufler mit besonderem Eifer Steuern hinterziehen. Ihnen machte Berlusconi ein verlockendes Angebot: Gegen Zahlung eines kleinen Teils der eigentlichen Schuld konnten sie sich »ehrlich« machen. Berlusconi war keineswegs der Erfinder dieser Maßnahme; seit den 1970er-Jahren hatten Regierungen immer wieder zu Steueramnestien gegriffen. Doch seine Amnestie war besonders erfolgreich: Sie spülte in den Jahren 2003 bis 2008 rund 28 Milliarden Euro in die Kassen des Staates.

Zugleich war sie aber auch eine Ermutigung für die Steuersünder, so weiter zu machen wie bisher gegenüber einem Staat, der statt mit der Steuerfahndung mit regelmäßigen Steueramnestien antwortete. Berlusconi hatte hoch und heilig geschworen, für sich selbst ebenso wie für seine Unternehmen die Amnestie nicht in Anspruch zu nehmen. Das Gegenteil war der Fall. Mediaset war von den Finanzbehörden die Hinterziehung von Steuern in Höhe von 197 Millionen Euro vorgeworfen worden; gegen Zahlung von 35 Millionen wurde die Geschichte zu den Akten gelegt. Noch billiger kam Berlusconi selbst davon. Er entrichtete bloß 1.800 Euro, um einen Streit mit der Justiz über eine ihm vorgeworfene Steuerhinterziehung von immerhin 150 Millionen Euro für immer zu erledigen.

Auch von zwei weiteren Steuergesetzen profitierte der Ministerpräsident selbst: von der Abschaffung der Erbschaftssteuer (darüber sollten sich seine Kinder bei seinem Tod im Jahre 2023 freuen) ebenso wie der Streichung der Steuer auf Gewinne aus dem Verkauf von Unternehmensanteilen. Als er im Jahr 2005 einen 17-Prozent-Anteil der Mediaset zum Preis von 2,2 Milliarden Euro verkauft, darf er sich über eine Steuerersparnis gegenüber der vorherigen Regelung in Höhe von 340 Millionen Euro freuen.

Ähnlich vorteilhaft war die im Jahr 2003 aufgelegte Amnestie für Schwarzbauten. Auch sie sind in Italien seit Jahrzehnten ein endemisches Problem: Hunderttausende Ein- und Mehrfamilienhäuser wurden im ganzen Land, vor allem im Süden, ohne jede Baugenehmigung errichtet.

Und diese Bauten konnten nun von einem Tag auf den anderen legalisiert werden, gegen Entrichtung einer Gebühr, die zwischen 60 und 150 Euro pro Quadratmeter lag: Hunderttausende Hausbesitzer stellten den Antrag – und Hunderttausende weitere durften sich ermutigt fühlen, auch in Zukunft schwarz zu bauen, in der Erwartung, dass weitere Amnestien folgen würden.

Zukunftsprojekte für Italien hatte die Rechtsregierung dagegen nicht in der Schublade. Ob die Förderung erneuerbarer Energien, der Ausbau digitaler Infrastrukturen im Land oder Investitionen in Bildung und Forschung: Die Regierung zeigte sich abwesend. Italien zeichnete sich schon in den 2000er-Jahren durch weitgehende wirtschaftliche Stagnation aus, doch Strategien, wie das Land wieder fit gemacht werden konnte, wurden nicht vorgelegt. Auch nach dem Intermezzo einer in den Jahren 2006 bis 2008 amtierenden Mitte-links-Regierung sollte sich an diesem Bild nichts ändern – und Italien musste bis 2011 zehn für die Modernisierung verlorene Jahre verzeichnen.

Profil gewann Berlusconi dagegen in der Außenpolitik, auf seine Weise. Kaum war er im Amt, polemisierte er gegen das »karolingische Europa«, sprich gegen die Führungsrolle Frankreichs und Deutschlands in der EU. Die Gelegenheit, zu ihm auf Distanz zu gehen, eröffnete sich mit dem zweiten Irak-Krieg im Jahr 2003. Während Frankreich und Deutschland den Waffengang gegen Saddam Hussein ablehnten, schloss Italien sich – an der Seite Spaniens, Großbritanniens und diverser osteuropäischer Staaten – der von US-Präsident George Bush Jr. geknüpften »Koalition der Willigen« an.

Gegen das »karolingische Europa« durfte auch jener Auftritt Berlusconis im Europäischen Parlament gerichtet gewesen sein, mit dem er Italiens EU-Präsidentschaft im zweiten Halbjahr 2003 eröffnete. Martin Schulz, im EU-Parlament der Gruppenvorsitzende der deutschen Sozialdemokraten, hatte in der Debatte Berlusconi einige kritische Fragen zu dessen Manager Marcello Dell'Utri und dessen Cosa Nostra-Kontakten gestellt – und Berlusconi giftete zurück, Schulz könne die Rolle des KZ-Kapo in einem der von ihm produzierten Filme übernehmen. Als daraufhin im Parlament Unruhe ausbrach, schmähte er kurzerhand die Europa-Abgeordneten als »Touristen der Demokratie«. Eine

Welle der Empörung ging durch Europa, die Fernsehsender ganz Europas strahlten die Bilder von Berlusconis Ausfällen im Straßburger Parlament aus – mit Ausnahme der Nachrichtensendung von *RAI1*, die ihren Zuschauern die unschönen Bilder einfach vorenthielt.

Berlusconi und die Erinnerungskultur

Polarisieren und dabei »alte Zöpfe« abschneiden: Diesen Weg schritt Berlusconi nicht nur gegenüber den politischen Gegnern (Kommunisten), gegenüber der ihn angeblich verfolgenden Justiz, gegen kritische Stimmen auch in Europa. Ein weiteres Feld, auf dem er sich – lange vor Giorgia Meloni –als Neuerer betätigte, war die politische Erinnerungskultur des Landes.

Seit 1945 hatte auf diesem Feld über alle Kalte-Kriegs-Gräben hinweg der antifaschistische Grundkonsens aller Parteien mit Ausnahme des neofaschistischen Movimento Sociale Italiano gegolten. Nicht umsonst war der 25. April, an dem der Befreiung Italiens von den deutschen Nazi-Besatzern und ihren faschistischen Komplizen unter Mussolini im Jahr 1945 gedacht wurde, einer der wichtigsten zivilen Feiertage, an dem regelmäßig der Staats- und der Ministerpräsident einen Kranz am Grabmal des unbekannten Soldaten niederlegten.

Unter Berlusconi ist es damit vorbei. Am 25. April ist er regelmäßig verhindert, Jahr für Jahr, mal war er auf Sardinien, mal empfing er seinen Freund Wladimir Putin. Warum auch feiern? Was er von Mussolini, vom Faschismus hielt, erklärte der Regierungschef im Jahr 2003 in einem Interview mit dem konservativen britischen Magazin *The Spectator*. Der Duce habe »nie jemanden umgebracht«, behauptete er kühn, und seine politischen Gegner habe er während seiner »gutartigen Diktatur« »in den Urlaub in Verbannung geschickt«. Mit einem Federstrich ist so nicht nur die Geschichte umgeschrieben, sondern zugleich der antifaschistische Grundkonsens der Ersten Republik abgeräumt.

Dies war einer jener Schachzüge, die sich nahtlos in Berlusconis gewohnt populistische Polarisierungsstrategie fügten, die das Land systematisch in zwei Lager spaltete – der Regierung aber auch die heftigsten Massenproteste seit Jahrzehnten einbrachte.

Das oppositionelle Italien – Millionen auf der Straße

Deprimiert und verzagt präsentierten sich die parlamentarischen Oppositionskräfte in den Monaten nach Berlusconis Wahlsieg – so verzagt, dass es Basisinitiativen überlassen blieb, vom Januar 2002 an breite Proteste gegen die Regierung zu organisieren, die sofort durch ihre Wucht überraschten. Den Anfang machte der »Marsch« der Professoren in Florenz, zu dem einige Dozenten der dortigen Universität aufgerufen hatten und zu dem sich, ganz ohne Unterstützung von Parteien, völlig überraschend im strömenden Regen rund 12.000 Menschen einfanden, um gegen Berlusconis Justiz- und Medienpolitik zu protestieren und die »gefährdete Demokratie zu verteidigen«.

Wenige Tage später fanden sich rund 6.000 Menschen zu einem »Girotondo«, einem »Ringelreihen« rund um den Justizpalast von Rom ein, um ihre Solidarität mit der von Berlusconi unter Beschuss genommenen Justiz zu demonstrieren. Aufgerufen hatten einige Künstler und Intellektuelle, die so die Bewegung der »Girotondi« auf den Weg brachten. Nur eine Woche später kamen im Mailänder Palavobis, der größten Veranstaltungshalle der Stadt mit 12.000 Plätzen, rund 40.000 Menschen zu einem »Tag der Legalität« zusammen. Auch diesmal hatte keine Partei aufgerufen, keine strukturierte Organisation, sondern Personen wie der Schriftsteller und Nobelpreisträger Dario Fo.

Bald aber sollte sich dieser Protest mit dem gewerkschaftlichen Widerstand gegen die Regierung kreuzen, denn die Rechtskoalition hatte sich nicht nur daran gemacht, Justiz und Medien auf Linie zu bringen, sondern zeitgleich auch die Lockerung des

Kündigungsschutzes in Angriff genommen. Sie begründete diesen Schritt damit, dass die Gewerkschaften bloß als konservative Besitzstandswahrer der älteren, stabil beschäftigten Arbeitnehmer agierten, während sie selbst mit der Aufweichung des Kündigungsschutzes den Raum für neue Prosperität schaffen wolle, von der dann auch die jugendlichen Arbeitslosen profitieren würden.

Zwei der drei großen Gewerkschaftsbünde hatten diese Reform einigermaßen klaglos geschluckt, doch der größte Bund, die CGIL – früher der Kommunistischen Partei verbunden und weiterhin links von den beiden anderen Organisationen aufgestellt – machte umgehend mobil, mit Streiks, mit Kundgebungen und dann, im März 2002, mit einer Großdemonstration in Rom, die alle Erwartungen sprengte.

Rund drei Millionen Menschen strömten in Italiens Hauptstadt zusammen, angereist aus dem ganzen Land, und wenn Berlusconi mit seiner Reformrhetorik die Jungen gegen die Alten ausspielen wollte, durfte er diesen Tag als Niederlage begreifen. Denn in den diversen Zügen, die sich durch die Stadt wälzten, marschierten keineswegs bloß angejahrte Gewerkschafter mit, sondern zu Hunderttausenden auch Schüler, Studenten, ganze Familien. Und die Gewerkschaft erreichte ihr Ziel. Berlusconi ließ das Gesetz zur Änderung des Kündigungsschutzes still und leise in der Schublade verschwinden.

Doch die auf den Straßen geführte Kampagne gegen Berlusconi setzte sich fort. Im September 2002 fanden sich rund 500.000 Menschen in Rom auf der Piazza San Giovanni zu der »Festa di Protesta«, dem »Fest des Protests« zusammen. Der berühmte Filmregisseur Nanni Moretti eröffnete die Kundgebung.

Ausgerechnet die Democratici di Sinistra (DS) jedoch, die aus der Kommunistischen Partei hervorgegangenen Linksdemokraten, beobachteten den Straßenprotest gegen Berlusconi voller Misstrauen und Unbehagen. In den Augen der größten Oppositionspartei war der zivilgesellschaftliche Protest gegen die Justiz- und Medienpolitik, angeführt von Künstlern und Intellektuellen, mit seinem Konfrontationskurs gegen die Regierung zu radikal. Die Anführer der Protestbewegung standen zudem im Verdacht, bloß »Salonlinke« ohne Strategie zu sein und mit ihrer harschen Antwort auf Berlusconis Polarisierungsstrategie eben dieser Strategie Vorschub zu leisten. Ähnlich argwöhnisch beäugten die Democratici di Sinistra den gewerkschaftlichen Protest, nicht zuletzt aus dem Verdacht heraus, mit dem CGIL-Vorsitzenden Sergio Cofferati könne der DS-Spitze ein gefährlicher Konkurrent um die Parteiführung entstehen.

In der Tat zeigte die breite Protestbewegung am Ende vor allem eines: Berlusconis Rechnung war aufgegangen. Zwar gingen Millionen gegen ihn auf die Straße, doch das Resultat war vor allem Selbstvergewisserung, ohne dass sich die Gewichte der politischen Lager in der Wählerschaft verschoben hätten. Dies jedenfalls zeigten die Meinungsumfragen jener Monate, in denen es der Linken nicht gelang, Boden gegenüber der Rechten gutzumachen. Italien hatte sich elektoral in zwei Blöcke auseinanderdividiert, und das Rechtslager unter Berlusconi war zur festen Größe geworden. Daran sollte auch die Tatsache nichts ändern, dass die Rechte nach den Parlamentswahlen von 2006 in die Opposition zurückkehren musste.

Das kurze Intermezzo in der Opposition

Wenn die Rechte im April 2006 die Wahlen verlor, dann hatte sie dies vor allem ihrer bescheidenen Bilanz an der Regierung zu verdanken. Weiterhin stagnierte das BIP-Wachstum, blieb der Steuerdruck bei rund 40 Prozent des BIP unverändert, konnten die Bürger keine Einkommenszuwächse verzeichnen. Mit einem Wort: Das versprochene »neue italienische Wunder« war ausgeblieben.

Doch die Niederlage war alles andere als ein Waterloo für Berlusconi. Seine Koalition hatte kurz vor dem Urnengang eilends das Wahlrecht geändert. Jetzt galt, dass die stärkste Partei oder

Parteienallianz mit einem Mehrheitsbonus bedacht wurde, der ihr im Abgeordnetenhaus 340 der 630 Sitze einräumte, während der Mehrheitsbonus im Senat Region für Region an die dort jeweils vorne liegende Allianz vergeben wurde, womit anders als im Abgeordnetenhaus keineswegs von vornherein ausgemacht war, dass eines der politischen Lager für sich eine klare Mehrheit erobern würde. Mehr noch: Es gab keine Wahlkreiskandidaten mehr, sondern nur noch Parteilisten, ohne dass die Wähler zum Beispiel mit Präferenzstimmen hätten entscheiden können, wer sie im Parlament vertreten soll. Die Auswahl der Parlamentarier lag damit komplett bei den Spitzen der jeweiligen Parteien, die frei schalten und walten konnten, denn bis heute schreibt in Italien kein Gesetz den Parteien demokratische Prozeduren, Wahlparteitage oder ähnliches vor, wie es etwa in Deutschland mit dem Parteiengesetz der Fall ist.

Das Mitte-links-Lager trat, genauso wie zehn Jahre zuvor, mit dem Spitzenkandidaten Romano Prodi an. Berlusconi führte seinerseits einen Wahlkampf, der auf die gleichen Stereotype wie fünf Jahre zuvor setzte. Unter ihm werde das Land endlich zur »Firma Italien«, unter ihm gelte, dass eine Steuerlast von mehr als 33 Prozent einfach »Diebstahl« sei. So versprach er, er werde die Grundsteuer auf die Erstwohnung ersatzlos streichen, um dann noch eins draufzusetzen mit der Verheißung, auch die Müllabfuhrgebühren sollten einfach wegfallen. Wie gehabt war Berlusconi im Wahlkampf in allen TV-Kanälen dauerpräsent, und sein Gegner Prodi ätzte, »bald sehen wir Berlusconi auch als Teppichhändler auf dem Shoppingkanal«.

All' dies reichte der Rechten nicht für den Sieg, doch bei der Auszählung rieben sich viele die Augen. Die Mitte-links-Allianz lag im ganzen Land nur mit 24.000 Stimmen vor dem Berlusconi-Lager aus Forza Italia, Alleanza Nazionale, Lega Nord und einer kleinen christdemokratischen Liste. Das waren gerade einmal 0,07 Prozent. Damit hatte Prodis Bündnis zwar im Abgeordnetenhaus eine komfortable Mehrheit der Sitze. Im Senat aber, wo der Mehrheitsbonus regional vergeben wurde, kamen Prodis Truppen nur auf 158 der 315 Sitze, während die Rechte 156 Sitze erobert hatte.

Die radikal linke Tageszeitung *il manifesto* kommentierte den Ausgang umgehend als »Wiederauferstehung Berlusconis«. In der Tat machte der sich daran, ganz auf seine Weise, die Niederlage in einen Sieg zu verwandeln und auch sein Werk der Verwandlung der politischen Kultur des Landes fortzusetzen.

Nur wenige Tage nach der Wahl begab sich der Verlierer und Noch-Ministerpräsident zum Staatspräsidenten, um dort zu erklären, die Niederlage sei recht eigentlich ein geraubter Sieg: Nur aufgrund von »zahllosen Betrügereien« bei der Stimmauszählung habe die Linke gewonnen. Und ganz ähnlich wie Donald Trump Jahre später führte er dafür keinerlei Belege an, sollte sich aber immer wieder als der darstellen, der um seinen Wahlsieg betrogen worden war. Dass er damit radikal die Legitimität der Regierung Prodi bestritt, dass er damit den politischen Konsens zwischen den beiden politischen Lagern und ihren Anhängern über von allen geteilte Spielregeln erschütterte, interessierte ihn nicht weiter. Im Gegenteil: Auch dieser Schritt fügte sich perfekt in seine Polarisierungsstrategie.

Was er selbst von demokratischen Spielregeln hielt, sollte Berlusconi wenig später zeigen. Prodi regierte mit einer hauchdünnen Mehrheit im Senat, und wie schon 1996 stand er einer äußerst heterogenen und damit fragilen Koalition vor, deren Partner von den Kommunisten am linken Rand bis zu christkonservativen Kräften reichten. Berlusconi fackelte nicht lange; mit der Zahlung von zwei Millionen Euro an den Senator Sergio De Gregorio (der dies später gestehen sollte) kaufte er einfach eine Stimme und verschob so die Mehrheitsverhältnisse im Senat.

Berlusconi sollte deshalb später zu einer Haftstrafe von drei Jahren verurteilt werden, doch in zweiter Instanz musste das Verfahren im Jahr 2017 eingestellt werden, wie so oft wegen Verjährung. Sein Ziel hatte er schon lange vorher erreicht; im Januar

2008 stürzte die Regierung Prodi. Berlusconi gewann die darauffolgenden Parlamentswahlen im April, und einer seiner Kandidaten für den Senat hieß Sergio De Gregorio.

Die Rückkehr an die Macht

Wenigstens eines hatte die kurzlebige, zerstrittene, numerisch schwache Regierungskoalition unter Romano Prodi in den Jahren 2006 und 2007 geleistet: Sie hatte den Kampf gegen die Steuerhinterziehung, für mehr Steuerehrlichkeit und -gerechtigkeit aufgenommen. Damit hatte sie dem Fiskus Mehreinnahmen von über 20 Milliarden Euro beschert. Für die Rechte war dies allerdings nur ein weiterer Grund, das Mitte-links-Lager hart anzugehen und den für die Steuern zuständigen Vizeminister Vincenzo Visco als »Vampir« und »Dracula« zu schmähen.

So erklärte Berlusconi bei der Vorstellung seines Wahlprogramms, von Prodi und Visco sei »nur Schrecken gekommen«, »die Linke hat alle zum Weinen gebracht«. Damit stand das erste Wahlversprechen schon, auch wenn er es gar nicht aussprach: Mit der energischen Bekämpfung der Steuerhinterziehung würde unter ihm wieder Schluss sein. In ungewohnter Bescheidenheit kündigte er an, er könne »keine Wunder versprechen und vollziehen«.

Doch dann versprach er, wie gehabt, unter ihm werde »die Entwicklung Italiens neu lanciert«, würden die Steuern sinken, zum Beispiel per Freistellung der Überstunden und des 13. Monatsgehalts von der Besteuerung, würden die Familien größere Unterstützung erfahren, die öffentliche Sicherheit verbessert, die Schulbildung gestärkt werden, und im Süden des Landes sollten große Infrastrukturprojekte angeschoben werden, vorneweg mit dem Megaprojekt der Brücke von Messina, die Sizilien mit dem italienischen Festland verbinden würde.

Derweil hatte sich die Schlachtordnung zwischen den politischen Lagern geändert. Links der Mitte hatten sich die aus der kommunistischen Tradition hervorgegangenen Democratici di

Sinistra (Linksdemokraten) mit der Mittepartei Margherita, in der frühere Christdemokraten den Ton angaben, vereinigt, um endlich mit einer starken, geeinten Mitte-links-Partei dem Lager der Rechten entgegentreten zu können. Partito Democratico (PD) hieß die neue Kraft, und im Herbst 2007 kürte sie in Urwahlen, die für alle Anhänger offen waren, deren neuen Chef. Bei einer beeindruckenden Beteiligung von rund 3,5 Millionen Bürgern machte der aus den Democratici di Sinistra (und früher Kommunistischen Partei Italiens) stammende Walter Veltroni mit 75 Prozent klar das Rennen – und war so nicht nur PD-Vorsitzender, sondern automatisch auch Spitzenkandidat seiner Partei in den Parlamentswahlen von 2008.

Bei diesen Wahlen allerdings beschloss der PD, nicht mehr, wie bisher, in breiten Bündnissen anzutreten, die von den Kommunisten zu konservativen Kräften reichten. Eine einzige weitere Partei wurde als Verbündete zugelassen – die anderen Splitter dagegen blieben draußen. Schon dies schmälerte die Siegchancen des Partito Democratico erheblich.

Berlusconi hatte seinerseits auf die Gründung des PD geantwortet, indem er seine Forza Italia mit der postfaschistischen Alleanza Nazionale in einer gemeinsamen Liste, dem Popolo della Libertà (PdL – Volk der Freiheit) zusammenführte, aus der ein Jahr später eine Partei werden sollte. Und er befand sich im Wahlkampf wieder in der Offensive gegenüber einem gerade an der Regierung gescheiterten, entmutigten Mitte-links-Lager. Diesmal bot er der Wählerschaft kein neues Hochglanzmagazin wie noch 2001, doch eine neue Hymne des PdL, die die Anhängerschaft auf allen Kundgebungen in Stimmung brachte: das Liedchen »Meno male che Silvio c'è« – »Zum Glück gibt's Silvio«, schließlich war er selbst wieder einmal das wichtigste Wahlkampfversprechen.

Und erneut ging die Rechnung auf, wie schon 1994 und 2001. Berlusconis Popolo della Libertà erzielte 37,4 Prozent, die ihm in einer Allianz verbündete Lega Nord Umberto Bossis 8,3 Prozent. Die Rechte durfte sich dank des Mehrheitsbonus bei der Vergabe der Mandate über eine deutliche Mehrheit von 344 der 630 Sitze im Abgeordnetenhaus und von 177 der 315 Sitze im Senat freuen. Berlusconi, so schien es, durfte sich auf weitere fünf Jahre an der Regierung einstellen.

Der alte-neue Ministerpräsident schien fest im Sattel zu sitzen, und dies galt erst recht nach dem schweren Erdbeben vom 6. April 2009 in L'Aquila, der Hauptstadt der mittelitalienischen Region Abruzzen. 309 Menschenleben hatte das Beben gefordert, und es hatte die Innenstadt von L'Aquila weitgehend zerstört. Fast 30.000 Menschen verloren damals ihre Wohnungen. Berlusconi machte den Fall zur Chefsache, reiste tagein, tagaus in die Region, versprach den Menschen dort nicht nur die schnelle Errichtung provisorischer Siedlungen (»New Towns«), sondern ließ einer alten Dame auch ganz unbürokratisch und gratis neue Dritte Zähne zukommen, nachdem ihr altes Gebiss unter den Trümmern ihrer Wohnung begraben worden war.

Der Einsatz zeigte Wirkung, im April 2009 schwamm Berlusconi mit Zustimmungswerten in der Wählerschaft von weit über 50 Prozent auf einer vorher nie erreichten Welle der Popularität. Doch schnell sollte auf den Triumph der Niedergang folgen, dank zweier voneinander völlig unabhängiger Entwicklungen. Einerseits hatte Italien spätestens von 2009 an erst mit den Folgen der globalen Finanzmarktkrise, dann mit den für das Land einschneidenden Konsequenzen der Eurokrise zu kämpfen, die 2011 mit voller Wucht ausbrach. Andererseits wurde Berlusconi zum Opfer seines eigenen Privatlebens, sprich der zahlreichen Sexskandale, die publik wurden und seinen Ruf ruinierten.

Kapitel 4: Berlusconis Niedergang zwischen Eurokrise und Sexskandalen

Berlusconi war gerade erst, im Mai 2008, an die Regierung zurückgekehrt, als im September mit dem Zusammenbruch der Bank Lehman Brothers die schon schwelende globale Finanzmarktkrise mit voller Wucht ausbrach – eine Krise, die binnen Kurzem mit der Eurokrise den Zusammenhalt der Gemeinschaftswährung auf eine harte Probe stellen und die Volkswirtschaften Griechenlands, Spaniens, Portugals oder auch Italiens tief treffen sollte.

Vereinbart in den Maastricht-Verträgen von 1992, war der Euro im Januar 2002 mit der Ausgabe von Münzen und Scheinen der neuen Währung im Alltag der Bürger der zwölf Euro-Gründer-Staaten angekommen. Doch mit der Fixierung der Wechselkurse von Lira, Mark oder Franc bestand er als Buchgeld schon seit 1999. Die ersten zehn Jahren schien auf den ersten Blick alles gut gegangen zu sein, ja, man konnte fast den Eindruck gewinnen, als hätte sich die Konvergenzerwartung an das gemeinsame Geld erfüllt: die Erwartung, dass der Euro kraft seiner Existenz die weitere ökonomische Annäherung der unter seinem Dach vereinten Länder befördern werde.

Waren nicht einige südeuropäische Staaten, Griechenland oder auch Spanien, in den 2000er-Jahren deutlich stärker gewachsen als die reicheren Länder im Norden des Kontinents und hatten so ihren Abstand verkürzt? Hatten sich nicht die Zinsdifferenzen zwischen den diversen Ländern im Euroraum – und dank des Euro – deutlich verringert? Bis zum Jahr 2007 jedenfalls betrug der Zinsabstand italienischer Staatsanleihen mit zehnjähriger Laufzeit zu deutschen Anleihen gerade einmal 0,5 Prozent. Mit anderen Worten: Die Finanzmärkte bewerteten das sogenannte Länderrisiko, das im Zinsgefälle zum Ausdruck kommt, als praktisch inexistent.

Darüber verlor man aus dem Blick, dass sich ökonomisch höchst unterschiedlich aufgestellte Länder in der Wirtschafts- und Währungsunion zusammengeschlossen hatten: auf der einen Seite die sogenannten Hartwährungsländer aus dem Norden wie Deutschland, Österreich oder die Niederlande, auf der anderen die »Weichwährungsländer« des Südens, für die Italien geradezu als Musterbeispiel gelten konnte.

Italien hatte bis 1970 – ähnlich wie Deutschland – einen rasanten wirtschaftlichen Aufstieg erlebt, und so wie nördlich der Alpen vom »Wirtschaftswunder« die Rede war, so wurde südlich des Brenner vom »miracolo economico« gesprochen, in dessen Verlauf das 1945 noch stark agrarisch geprägte Land sich in eine führende Industrienation verwandelte – eine Industrienation, wo der Staat auch nach deutschen ordoliberalen Kriterien solide wirtschaftete, in der die Inflationsrate ebenso wie die Staatsverschuldung niedrig waren, mit einem Wechselkurs der Lira gegenüber der D-Mark, der sich über die Jahre kaum verändert hatte: Im Jahr 1951 waren 6,72 DM für 1.000 italienische Lire fällig, im Jahr 1968 dagegen 6,40 DM, eine Minimalabwertung der Lira um nicht einmal fünf Prozent in 17 Jahren.

In den 1970er-Jahren sollte sich dieses Bild jedoch radikal ändern. In ganz Westeuropa war das Jahrzehnt von einem starken Ausbau des Sozialstaats geprägt, der die Staatsquote auf der Ausgabenseite deutlich erhöhte. Italien ging diesen Weg mit, und seine Staatsquote stieg in den 20 Jahren zwischen 1960 und1980 von rund 30 Prozent auf 40 Prozent. Anders als in den anderen Staaten aber fand eine gleichzeitige Erhöhung der Staatsquote auf der Ausgabenseite nicht statt, wurde das Aufkommen von Steuern und Sozialabgaben nicht angepasst.

Hierhinter stand vor allem die Klientelpolitik der Regierungsparteien, an der Spitze die Democrazia Cristiana. Sie hielt weiter ihre schützende Hand über einige ihrer zentralen Wählergruppen, die Bauern, die Händler und Handwerker, die Freiberufler und Unternehmer, die ebenfalls in den Genuss großzügiger Sozialleistungen kamen, sich an der Finanzierung der Kosten mit der Zahlung adäquater Sozialbeiträge und Einkommenssteuern jedoch nicht groß beteiligen mussten. Jenes Heer der Selbstständigen und Kleinunternehmer zählte damals mit rund sechs Millionen Personen fast ein Drittel der italienischen Erwerbsbevölkerung – ein sicheres Wählerreservoir, auf das die Democrazia Cristiana nicht verzichten mochte.

Deshalb griff Italien zu einer Politik, die der Ökonom Enrico Wolleb als »inflationäre Schlichtung« bezeichnen sollte: Mit wachsender Staatsverschuldung und steigenden Inflationsraten wurde der Schein erzeugt, dass die Ausdehnung staatlicher Leistungen zwar viele Nutznießer sah – aber niemanden, der die Kosten zu tragen hatte. In den 1970er-Jahren griff die Regierung zur öffentlichen Verschuldung, ließ sich die Titel aber zum großen Teil von der Notenbank, der Banca d'Italia, abkaufen, die dafür die Notenpresse anwarf und so der Inflation Schwung verlieh: Von 1973 bis 1983 war die Teuerungsrate jedes Jahr zweistellig, mit Spitzenwerten von 24 Prozent im Jahr 1974 und 20 Prozent in den Jahren 1976 und 1980. Dennoch stieg die öffentliche Gesamtverschuldung nur moderat, denn der Staat zahlte für seine Papiere Zinsen, die rund zehn Prozent unter der Inflationsrate lagen: für den Schuldner ein hervorragendes Geschäft, das nur einen Preis hatte – die stetige Inflation, die wiederum die akkumulierten Staatsschulden entwertete. Und zugleich mit der Inflation verlor die Lira auf den Devisenmärkten konstant an Wert. Waren 1970 noch 5,82 DM für 1.000 Lire zu zahlen, so sank der Betrag im Jahr 1980 auf 2,12 DM.

In den frühen 1980er-Jahren fiel dann der Beschluss, zwecks Bekämpfung der Inflation die per Notenpresse finanzierten Ankäufe der staatlichen Schuldtitel durch die Notenbank einzustellen. Langfristig tragfähig wäre diese Wende nur gewesen, wenn mit ihr eine Rückführung der jährlichen staatlichen Neuverschuldung einher gegangen wäre, doch dazu kam es nicht. In den folgenden zehn Jahren sollten die jährlich neu aufgenommenen

Schulden bei rund zehn Prozent des Bruttoinlandprodukts liegen. Auf sie waren jetzt Marktzinsen zu zahlen – und damit ging die staatliche Gesamtverschuldung durch die Decke. Sie stieg von knapp 60 Prozent im Jahr 1981 auf über 100 Prozent im Jahr 1991.

So oder so wäre diese Politik, die Schulden mit immer neuen Schulden finanzierte, auf Dauer nicht durchzuhalten gewesen. Doch spätestens mit der Verabschiedung des Maastricht-Vertrags 1992 war klar, dass Italien beim Euro nur dabei sein würde, wenn es eine radikale fiskalpolitische Wende hin zur Haushaltskonsolidierung vollzöge. Denn ein zentrales Maastricht-Kriterium war die Obergrenze für die öffentlichen Gesamtschulden bei 60 Prozent des BIP, während Italien im Jahr 1994 die 120-Prozent-Latte riss.

Die Bedeutung des Euro für Italien: Sicherheitsnetz oder Zwangsjacke?

Es war die Regierung Prodi, die in einem enormen Kraftakt in den Jahren 1996–1998 das Ruder herumriss, die nicht nur öffentliche Unternehmen privatisierte, sondern im Jahr 1997 auch eine einmalige »Europasteuer« erhob, um die Neuverschuldung auf drei Prozent jährlich zurückzuführen. Und Prodis Rechnung ging auf. Italien war in der Gruppe der Gründerstaaten des Euro dabei.

Anscheinend profitierte das Land sofort. Es verfügte jetzt über eine stabile, international vertrauenswürdige Währung, mit der Folge, dass die Zinsen – auf Staatstitel, aber auch für Immobiliendarlehen oder Unternehmenskredite – deutlich sanken. Gerade dem Staat war so geholfen, konnte er doch seine Ausgaben für die Bedienung von Zinsen deutlich reduzieren. Der Euro, so schien es, war für Italien ein Sicherheitsnetz.

Ein anderer Faktor dagegen spielte in der öffentlichen Debatte jener Jahre kaum eine Rolle. Italien hatte sich seit 1970 zu einer Abwertungsökonomie gewandelt, in der die periodischen Abwertungen der Lira immer wieder die internationale Konkurrenzfähigkeit des Landes wiederhergestellt hatten. Zuletzt war dies in den Jahren 1992 und 1995 der Falle gewesen. Noch in den Jahren 1991 und 1992 musste Italien Handelsbilanzdefizite von 8,3 Milliarden beziehungsweise 6,5 Milliarden Euro verzeichnen. Im September 1992 dann brach die Lira auf den Devisenmärkten ein, verlor gegenüber der Mark rund 25 Prozent. Und der Export schnellte nach oben. Schon 1993 gab es ein Plus in der Handelsbilanz von rund 18 Milliarden Euro, und 1995 wurden nach einer zweiten Abwertung gar 35 Milliarden Euro Überschuss erreicht.

Dieses Ventil aber war mit dem Beitritt zum Euro auf immer versperrt. Damit drohte der Euro zur Zwangsjacke zu werden – auch weil dem Land auf Jahre hinaus hohe haushaltspolitische Disziplin auferlegt war, um die Einhaltung der Maastricht-Kriterien zu gewährleisten. Damit aber schied der Staat als Motor für die Befeuerung der Konjunktur in Krisenzeiten weitgehend aus. Über die Jahre hinweg sollten die wechselnden Regierungen in der Tat hohe Disziplin an den Tag legen. In 22 der 23 von 1995 bis 2007 vorgelegten Staatshaushalte erwirtschaftete Italien einen sogenannten Primärüberschuss, sprich die öffentlichen Einnahmen waren jedes Mal höher als die Ausgaben, wenn man die Zinsen auf die Staatsschulden herausrechnete. Kein anderes Land der Eurozone kam auf einen vergleichbaren Wert.

Ein Blick auf einige Daten zeigt, dass es Italien nicht gelang, sich erfolgreich an die neue Situation als Mitglied der Eurozone anzupassen. Der Handelsbilanzüberschuss, im Jahr 1999 noch bei 14 Milliarden Euro, sank 2003 auf schmale 1,6 Milliarden. Schon 2004 war ein Defizit im Außenhandel von 1,6 Milliarden Euro zu verzeichnen, das 2006 auf 20,5 Milliarden hochschnellen sollte.

Auf der anderen Seite stand Deutschland. Im Jahr 1999 hatte der Economist noch »Germany – the sick man of the Euro« getitelt, doch wenigstens innerhalb der Eurozone war von der deutschen Krankheit im Außenhandel nichts zu spüren. Noch 1998, dem letzten Jahr vor Einführung des Euro, hatte der deutsche Handelsbilanzüberschuss gegenüber den anderen Ländern der

Währungsunion bei 26 Milliarden Euro gelegen, danach ging es ebenso stetig wie steil bergauf, bis Deutschland im Jahr 2007 allein innerhalb der Eurozone einen Überschuss von 109 Milliarden Euro erwirtschaftete. Von Jahr zu Jahr stand Deutschland stärker da, auch weil seine Inflationsrate konstant unter der zum Beispiel Italiens lag. Die deutsche Teuerung blieb fast immer unter zwei Prozent, die Italiens dagegen über zwei Prozent. Die gleiche Währung, aber unterschiedliche Inflationsraten – für Italien bedeutete dies stetig sinkende Wettbewerbsfähigkeit.

Zugleich trat Italien in eine Phase anämischen Wachstums ein. Lag das Wachstum seit 1996 immer unter dem Durchschnitt der Eurozone, so nahm das Bruttoinlandsprodukt seit 2002 nur noch um Werte von 1 Prozent oder weniger pro Jahr zu, während die Produktivitätsentwicklung stagnierte. Das Land wurde damals – und so blieb es in den Folgejahren – das wachstumsschwächste der Eurozone. Und das Miniwachstum bedeutete auch, dass bei aller Haushaltsdisziplin die schnelle Rückführung des staatlichen Schuldenbergs von immer noch über 100 Prozent des BIP einfach nicht gelingen konnte, da das BIP ja kaum stieg und der Schuldenquotient folglich kaum sank.

Die Eurokrise

Als sich von 2009 an im Gefolge der globalen Finanzmarktkrise die Eurokrise zusammenbraute, schien Italien trotz seiner mehr als bescheidenen makroökonomischen Daten nicht im Auge des Zyklons zu sein. Es hatte keinen über leichtfertig vergebene Kredite finanzierten Bau- und Immobilienboom erlebt, so wie es etwa in Spanien oder Irland der Fall gewesen war. Italiens Banken hatten auch nicht am großen Rad des Derivatehandels mitgedreht, der viele europäische Geldhäuser in gefährliche Schieflagen bringen sollte. In der Tat waren in Italien in den folgenden Jahren nur relativ bescheidene Summen für die Bankenrettung fällig.

Deshalb fühlte sich das Land, fühlte sich auch die Regierung Berlusconi zunächst auf der sicheren Seite. Die Situation sollte sich jedoch vollkommen drehen, als die Griechenlandkrise explodierte – und die deutsche Regierung unter Bundeskanzlerin Angela Merkel und Finanzminister Wolfgang Schäuble mit einer ebenso klaren wie harten Ansage hervortrat. Ihnen zufolge mochte der Euro eine gemeinsame Währung sein, jedoch ganz gewiss nicht eine Solidargemeinschaft: Jedes Mitgliedsland war ganz alleine für seine Schulden verantwortlich.

Und die Finanzmärkte begriffen dieses Signal umgehend, mit der Folge, dass der Spread, der Zinsabstand zwischen den deutschen Staatsschuldtiteln und denen der besonders krisenbedrohten Eurostaaten, in die Höhe schoss. Jetzt wurde in der Tat wieder für jedes einzelne Land eine gesonderte Bewertung des »Länderrisikos« vorgenommen. Und Italien mochte in der Tat kein besonderes Problem mit einer Immobilienblase oder spekulationsbedingten Bankenschieflagen haben – doch es blieb ihm die Achillesferse seiner exorbitanten Staatsverschuldung. Wie verwundbar das Land hier war, hatte sich schon mit dem durch die globale Finanzmarktkrise ausgelösten Konjunktureinbruch gezeigt. Binnen zwei Jahren, von 2008 bis 2010, waren die öffentlichen Schulden wieder von 102 Prozent auf 115 Prozent des Bruttoinlandsprodukts hochgeschnellt. Und ein Gutteil dieser Staatsschulden wurde von italienischen Banken gehalten, die damit ebenfalls in den Fokus der Finanzmärkte gerieten.

Portugal, Irland, Griechenland und Spanien und kämpften im Jahr 2011 schon mit der Staatsschuldenkrise, mussten mit der sogenannten Troika (in der die EU, die Europäische Zentralbank und der Internationale Währungsfonds zusammenwirkten) schmerzhafte Sparpakete abstimmen, um Hilfskredite zu erhalten, und für die vier Länder wurde in der Presse die unschöne Abkürzung PIGS geprägt. Schnell wurden aus den PIGS die PIIGS, als im Sommer 2011 die Krise auch in Italien manifest wurde. Von Juni an schnellten die Risikoaufschläge für italienische Staatsanleihen, die noch wenige Wochen zuvor bei 1,5 Prozent gelegen hatten, binnen weniger Tage auf vier Prozent hoch: Offenkundig galt nun auch Italien als eines jener Länder in der Eurozone, in denen die Staatsfinanzen aus dem Ruder laufen konnten. »Italien hält den Atem an« oder auch »Märkte in Angst«, so lauteten in jenen Tagen die Zeitungstitel in Italien.

Zwar reagierte die Regierung Berlusconi schnell mit dem Versprechen, schon zwei Jahre später einen ausgeglichenen Haushalt vorlegen zu wollen. Doch das beruhigte weder die Märkte noch die europäischen Institutionen. Am 5. August bekommt Berlusconi Post aus Frankfurt; der Brief ist unterzeichnet von EZB-Präsident Jean-Claude Trichet und von Mario Draghi, dessen designiertem Nachfolger vom 1. November 2011 an. Die beiden fordern, Italien müsse »dringend seine Reputation« an den Finanzmärkten durch entschlossene Reformen beginnend bei der Flexibilisierung von Tarifverträgen und der Privatisierung kommunaler Dienstleistungen »erhöhen«. Berlusconi verspricht, er werde liefern – doch der Spread verharrt bei vier Prozent, und die Aktien der italienischen Banken haben seit Jahresanfang an der Börse 30 Prozent ihres Werts eingebüßt.

Auch in Brüssel, beim Europäischen Rat der Staats- und Regierungschefs bläst dem italienischen Ministerpräsidenten im Oktober der Wind ins Gesicht. Auf einer gemeinsamen Pressekonferenz der Kanzlerin Angela Merkel und des französischen Präsidenten Nicolas Sarkozy werden die beiden gefragt, ob Berlusconi bei ihnen Sicherheit über die Anti-Krisen-Maßnahmen, die die italienische Regierung ergreifen wolle, geschaffen habe. Merkel und Sarkozy werfen einander daraufhin ein spöttisches Lächeln zu, und Sarkozy lässt sich bloß zu der knappen Erklärung herbei, man habe Vertrauen »in den Verantwortungssinn der italienischen Institutionen«, ohne Berlusconi und dessen Regierung auch nur mit einem Wort zu erwähnen.

Im November dann setzt der italienische Risikoaufschlag zu einem neuen Höhenflug an, überspringt die Fünf-Prozent-Marke, Tendenz: weiter steigend. Hilflos präsentiert Berlusconi sich am 4. November auf dem G20-Gipfel in Cannes, hilflos sucht er dort den Notstand wegzureden. In Italien gebe es »keine tiefe Krise«, hebt er an, führt aus, »die Konsumausgaben sind nicht gefallen, man hat Mühe, für einen Flug einen Platz zu reservieren, die Restaurants sind voll«, und resümiert: »Unsere Wirtschaft und unser Bankensystem sind solide.« Doch da sind seine Tage schon gezählt – auch weil er ein ganz persönliches Glaubwürdigkeitsproblem hat, das auf einem anderen Feld entstanden ist: bei seinen immer weitere Kreise ziehenden Sexskandalen.

Berlusconi und der Bunga Bunga

Im April 2009 war Berlusconi so populär wie nie zuvor, dank seiner Dauerpräsenz in der Erdbebenregion Abruzzen. Und am 25. April jenes Jahres schien es ausgerechnet ihm gelungen zu sein, jene tiefe Spaltung in der Wählerschaft zwischen rechts und links zu überwinden, die er selbst jahrelang genährt hatte. Er, der das an jenem Tag begangene »Fest der Befreiung« seit seinem Eintritt in die Politik nie gefeiert hatte, fand sich nun zu einer Kundgebung in dem vom Erdbeben völlig zerstörten Dorf Onna ein, das Tuch des linken Partisanenverbands um den Hals gebunden, um die Kämpfer zu würdigen, die 1945 Italien von Nazis und Faschisten befreit hatten. Er, der Spalter, sah sich völlig überraschend in der Rolle des versöhnenden Landesvaters wieder.

Doch die Überraschung sollte nur kurz anhalten. Am 29. April berichtete die Tageszeitung *La Repubblica*, der Regierungschef sei einige Tage zuvor bei der Geburtstagsparty der gerade 18 Jahre alt gewordenen Noemi Letizia aufgetaucht, eines Mädchens aus einer Kleinstadt bei Neapel. Jene bis dato minderjährige Frau berichtete von ihrem vertrauten Umgang mit dem 73-Jährigen, den sie »Papi« rief. Ganz Italien fragte sich, welche Sorte Beziehung die beiden pflegten. Berlusconi behauptete, er sei ein Freund des Vaters, der früher als Fahrer Bettino Craxis gearbeitet habe –

doch niemand in Rom konnte sich an den angeblichen Fahrer erinnern.

Stattdessen kam heraus, dass das Mädchen zum Beispiel zu Neujahr in Sardinien gewesen war, in Berlusconis Privatvilla, um dort mit dem Hausherrn Silvester zu feiern. Dessen Ehefrau Veronica Lario kommentierte: »Ihm geht es nicht gut. Er verkehrt mit Minderjährigen«.

Als wäre das noch nicht genug, bastelte Berlusconi in jenen Tagen an den Kandidatenlisten für die anstehenden Europawahlen. Eines konnte man auf jeden Fall von den ihm vorschwebenden Kandidaturen seiner Forza Italia fürs Europäische Parlament sagen: Jünger und weiblicher sollte die Fraktion werden. Bemerkenswert war jedoch das Auswahlkriterium. Die jungen Frauen hatten keineswegs mit politischem Engagement geglänzt, sondern waren Showgirls oder Kandidatinnen bei Misswettbewerben gewesen – und wahrscheinlich Gäste auf Berlusconis Privatpartys.

»Ich und meine Kinder sind Opfer, nicht Komplizen dieser Situation«, klagte Ehefrau Veronica Lario in einem offenen Brief, hier werde »mit weiblichen Kurven und weiblicher Schönheit« Politik gemacht, »zum Vergnügen des Imperators«. »Jungfrauen, die sich dem Drachen anbieten, um dem Erfolg und der Bekanntheit hinterherzulaufen«, seien da zu sehen. Sie selbst habe versucht, ihm zu helfen, doch ohne Erfolg, »jetzt sage ich basta«. Damit war Larios Trennung vom Drachen und Imperator perfekt.

»Rassismus« und »Moralismus« wollte die rechte Tageszeitung *Libero* in der Welle der Kritik an Berlusconis merkwürdiger Kandidatinnenauswahl fürs Europaparlament ausgemacht haben, doch er selbst trat schnell den Rückzug an und strich die Mädchen eilends von den Listen der Forza Italia. Und in einem ersten Moment schien es, als habe ihm die ganze Geschichte, habe ihm auch das Zerwürfnis mit seiner Frau nicht geschadet. Ihm Juni 2009 durfte sich sein Popolo della Libertà bei der Europa-Wahl über 35 Prozent freuen, während die in Rom an seiner Seite regierende Lega Nord zehn Prozent einfuhr und der oppositionelle Partito Democratico sich mit 26 Prozent bescheiden musste.

Doch kaum waren die Wahllokale geschlossen, wurde Berlusconis merkwürdiger Umgang mit jungen Frauen endgültig zum Sexskandal. Bisher waren keine Details bekannt geworden, doch jetzt gab es sie, dank eines Interviews mit einer jungen Frau aus Bari, die von ihren Besuchen bei Berlusconi, in seiner römischen Residenz ebenso wie auf seinem Ferienanwesen in Sardinien berichtete. Ihr Geld verdiente D'Addario in Bari als Escort-Service, und als solche wurde sie von einem Mittelsmann auch für Abende bei Berlusconi engagiert: Abende, zu denen sich nach ihrer Auskunft gerne auch 20 Mädchen versammelten; ihr selbst war ein Honorar von 2.000 Euro zugesagt worden.

Auch die Nacht, in der Barack Obama zum Präsidenten der USA gewählt werden sollte, verbrachte sie beim Ministerpräsidenten. Der fand es spannender, sich in einem Himmelbett – einem Geschenk Wladimir Putins – mit der Besucherin zu vergnügen, als im Fernsehen die aus den USA einlaufenden Wahlresultate zu verfolgen. Einige Monate später sollte D'Addario mit weiteren Details zu den fröhlichen Abenden aufwarten. Beim Essen habe Berlusconi den Mädchen gerne Fotoalben von seiner Familie gezeigt oder auch mal ein Video von einer Kundgebung der Rechtsparteien und Dutzender katholischer Vereinigungen, ausgerechnet am »Family Day«, der dem Erhalt der traditionellen Familie gewidmet ist. Während das Video lief, habe Berlusconi ganz familiär seine Hand zwischen ihren Schenkeln gehabt, berichtete sie.

Berlusconi mochte in diesen Enthüllungen bloß eine »Schmutzkampagne« erblicken, die ihm nahestehenden Zeitungen sahen gar ein »Komplott«. Und Nicolò Ghedini, sowohl Berlusconis Rechtsanwalt als auch Parlamentarier der Forza Italia, würdigte die juristische Situation mit der Bemerkung, auch wenn bei den Abendessen Prostitution vorliegen solle, habe sein Mandant sich ganz gewiss nicht strafbar gemacht, denn er sei ja bloß der »Endnutzer«.

So verwob sich in Italiens Medien die Berichterstattung über die hohe Politik von nun an auf Dauer mit den neuesten Nachrichten aus den Niederungen von »Papis« Privatleben. Ein neuer Tiefstand wurde mit »Rubygate« im Jahr 2010 erreicht. Im Oktober sickerte in den Medien durch, dass im Mai ein damals erst 17-jähriges Mädchen namens Karima El Mahroug in Mailand von der Polizei festgenommen worden war, weil sie einer Freundin 3.000 Euro gestohlen haben sollte. Noch während sie – auf Facebook unter dem Namen Ruby unterwegs – auf dem Polizeipräsidium sitzt, erhält der Polizeipräsident am Abend einen Anruf von Regierungschef Berlusconi persönlich. Der erzählt, das Mädchen sei die Nichte des ägyptischen Präsidenten Hosni Mubarak, und es solle umgehend in die Obhut einer Vertrauten Berlusconis gegeben werden, um diplomatische Verwicklungen zu vermeiden. Jene Vertraute, die 24-jährige Nicole Minetti, hatte ihrerseits immer wieder an den Sexpartys Berlusconis teilgenommen – und war, gleichsam als Gratifikation, im März 2010 ins Regionalparlament der Lombardei gewählt worden. Tatsächlich wurde ihr an jenem Maiabend die 17-jährige Karima ganz ohne die eigentlich notwendige Anordnung des Jugendgerichts von der Polizei übergeben.

Karima El Mahroug wiederum sollte später aussagen, dass sie, die Minderjährige, oft bei Partys in Berlusconis Villa vor den Toren Mailands dabei gewesen war. Die daraufhin eingeleiteten Ermittlungen förderten zutage, dass die Feste mit hoher Regelmäßigkeit stattfanden, immer mit ein bis zwei dutzend jungen Frauen, mal als Krankenschwestern, mal als Staatsanwältinnen verkleidet, und dass die Treffen unter der Bezeichnung »Bunga Bunga« liefen.

Berlusconi selbst dagegen behauptete, es habe sich bloß um »elegante Abendessen« gehandelt – doch die waren spätestens mit der Beteiligung einer Minderjährigen nun definitiv keine Privatsache mehr. Im Januar 2011 sickerte durch, dass die Staatsanwaltschaft Mailand ermittelte deshalb gegen ihn, ja mehr noch:

dass ihm auch Nötigung des Mailänder Polizeipräsidenten vorgeworfen wurde, weil der mit der erfundenen Geschichte von der »Nichte Mubaraks« zur Freilassung der Festgenommenen gedrängt worden sei.

Berlusconi konterte seinerseits, nie habe er von der Minderjährigkeit El Mahrougs gewusst. Dies wirft jedoch die Frage auf, wieso er durchgesetzt hatte, dass sie in die Obhut einer anderen jungen Frau gegeben wurde – eine bei Erwachsenen überflüssige Prozedur. Außerdem, erregte sich der Ministerpräsident, werde gegen ihn jetzt wegen des neuen Straftatbestands ermittelt, »private Abendessen veranstaltet zu haben«.

Zahlreiche Frauen, die bei ihm zu Gast gewesen waren, bestätigten seine Version, erzählten gar, sie erinnerten sich bloß an Kartenspiele nach dem Dinner. Einige aber sagten anderes aus, sprachen davon, dass Sex im Mittelpunkt stand, mit Lap dance und allem Drum und dran, und dass die Dienste großzügig honoriert wurden. Später wurde bekannt, dass auch die zahlreichen für ihn günstigen Aussagen ihrerseits mit regelmäßigen Geldzuwendungen vergolten wurden, und Karima soll für die Behauptung, Berlusconi habe von ihrem Alter nicht gewusst, gar Millionensummen erhalten haben.

Unterdessen spannte der Angeschuldigte, ganz so wie in seinen Verfahren wegen Korruption oder Bilanzfälschung, erneut seine Parlamentsmehrheit zu seinen Gunsten ein. Das Abgeordnetenhaus fasste im April 2011 mit den Stimmen der Regierungsmehrheiten den Beschluss, Berlusconi habe in Erfüllung seiner Amtspflichten beim Polizeipräsidenten Mailands interveniert, da er tatsächlich im Glauben gewesen sei, bei Karima habe es sich um die Nichte Mubaraks gehandelt. Niemand jener Abgeordneten stellte die Frage, warum dann Berlusconi nicht etwa ägyptische Diplomaten, sondern eine seiner Gespielinnen mit der Abholung der »Nichte« betraut hatte.

Die Reaktion des rechten Lagers zeigte den eisernen Willen, auch diesen Skandal, wie alle anderen Justizhändel Berlusconis, auszusitzen und unter dem Stichwort »Komplott« abzulegen. Es war die sich gleichzeitig aufbauende Eurokrise, die einen Strich durch diese Rechnung machte. Im September ging der ebenso prominente wie seriöse Journalist Gad Lerner mit seiner Talkshow auf Sendung, diesmal unter dem Titel »pornopolitica e default«: »Pornopolitik und Zahlungsausfall«.

In der Tat musste Berlusconi sich fragen, ob er selbst nicht zum festen Bestandteil des Länderrisikos Italien geworden war, das sich in den stetig steigenden Zinsen des Landes abbildete. Frankreichs damaliger Präsident Nicolas Sarkozy jedenfalls schrieb später in seiner Autobiographie, er und Angela Merkel hätten ihn seinerzeit am Rande des G20-Gipfels in Cannes im November einbestellt, um ihm den Rücktritt nahezulegen, und Sarkozy liefert auch die Begründung. Berlusconi sei »zur Karikatur seiner selbst geworden«, dank der »traurigen Episode des Bunga-Bunga«.

Nur wenige Tage nach jenem Gipfel ist es so weit. Als der Zinsaufschlag Italiens gegenüber Deutschland am 9. November 2011 die 5,7 Prozent erreicht, mit weiter steigender Tendenz, reicht Berlusconi den Rücktritt ein, und Hunderte Menschen sind vor seiner Residenz im Zentrum Roms zusammengekommen, um seinen Abgang zu bejubeln. An die Regierung sollte er nie mehr zurückkehren, der italienischen Politik aber würde er bis zu seinem Tod im Jahr 2023 erhalten bleiben.

Zweiter Teil: 2013 – das zweite politische Erdbeben nach 1994

Kapitel 5: Die Regierung Monti – wie Krisenbewältigung die Krise verschärft

Nachdem Silvio Berlusconi am 12. November 2011 als Ministerpräsident zurückgetreten war, hätte es eine eigentlich naheliegende Lösung gegeben: Neuwahlen. Im Parlament existierten keine Mehrheiten für eine alternative Regierungskoalition, und der Staatshaushalt für das Jahr 2012 war schon verabschiedet, so dass einem schnellen Urnengang eigentlich nichts im Weg stand. Er hätte mit hoher Wahrscheinlichkeit einen Machtwechsel gebracht, denn die Mitte-links-Parteien lagen in allen Meinungsumfragen klar vorn.

Zugleich aber stand Italien unter hohem Druck der Finanzmärkte, und Staatspräsident Giorgio Napolitano (der selbst aus den Reihen der Linken kam) war der festen Überzeugung, Italien könne es sich in dieser höchst kritischen Situation nicht erlauben, über Monate hinweg ohne voll geschäftsfähige Regierung dazustehen.

Napolitano setzte deshalb auf einen Plan B, auf die Inthronisierung einer Notstandsregierung, eines nur aus »Technikern« bestehenden Kabinetts unter Mario Monti. Der damals 68-jährige hoch angesehene Ökonomieprofessor war in den Jahren 1995 bis 2004 EU-Kommissar gewesen, in seiner ersten Amtszeit von der Regierung Berlusconi berufen und in der zweiten Amtszeit von einer Mitte-links-Regierung als Mitglied der Kommission bestätigt worden.

Und Monti gelang in einer Rekordfrist von nur vier Tagen die Quadratur des Kreises – die Bildung einer Regierung, in der ausschließlich »Techniker« zu Ministern berufen wurden und kein einziger Parteipolitiker, die jedoch von fast allen Parteien der Rechten, der Mitte, der Linken mitgetragen wurde. Abseits standen nur Umberto Bossis Lega Nord sowie eine kleine Mitte-links-Partei, die partout nicht mit dem Berlusconi-Lager im gleichen Boot sitzen wollte.

Möglich war die von breitem Konsens getragene Blitzlösung aus der von allen Seiten geteilten Wahrnehmung heraus, dass sich das Land in seiner tiefsten Krise seit 1945 befand. Der neue Regierungschef selbst sprach in seiner Antrittsrede vor dem Senat von »einer Situation ernsten Notstands«, die jetzt eine »Regierung der nationalen Anstrengung« erfordere, da das Scheitern der Währungsunion, sprich »das Ende des Euro« abgewendet werden müsse: »Die Zukunft des Euro hängt auch davon ab, was Italien in den nächsten Wochen tun wird«.

285 der 330 Senatoren sprachen seiner Regierung das Vertrauen aus, nur 25 votierten mit Nein, und auch im Abgeordnetenhaus erhielt Monti ein Mandat, wie es breiter nicht hätte sein können; dort erhielt er 556 Ja- bei bloß 61 Nein-Stimmen.

Und Monti machte sich umgehend an seinen Rettungseinsatz. Nicht einmal zwei Wochen nach seinem Amtsantritt verabschiedet das Parlament eine Verfassungsänderung, die den Haushaltsausgleich, die »schwarze Null«, in Verfassungsrang erhebt. Und nur wenige Tage später legt die Regierung ein Gesetzesdekret vor, unter dem aussagekräftigen Namen »Salva Italia« (»Italien retten«), das einen ganzen Strauß harter, für Millionen Bürger bittere Sparmaßnahmen bereithält.

Vorneweg Steuererhöhungen. Die Grundsteuer aufs selbst bewohnte Eigenheim – von Berlusconi abgeschafft – wird wieder eingeführt. Die Mehrwertsteuer wird erhöht, ebenso wie der regionale Aufschlag auf die Einkommenssteuer (aus der die Regionen ihre Ausgaben finanzieren), und obendrauf gibt es eine neue Steuer für kommunale Dienstleistungen.

Zugleich geht die Regierung Monti an die Renten ran. Das Renteneintrittsalter wird von einem Tag auf den anderen von 65 auf 66 Jahre erhöht und soll in den Folgejahren weiter auf 67 Jahre steigen; diese Schwelle wird im Jahr 2019 erreicht. Zudem werden die Voraussetzungen für eine Frühverrentung deutlich verschärft.

Und Monti macht auf zwei weiteren Feldern dort weiter, wo schon Berlusconi unter dem Eindruck der heraufziehenden Krise den Rotstift angesetzte hatte. Im Öffentlichen Dienst gilt ein weitgehender Stopp des Turnover: In allen Verwaltungen – ebenso wie an den Universitäten – darf von je fünf wegen Verrentung oder Kündigung freiwerdenden Stellen nur eine Stelle neu besetzt werden. Zugleich werden die eigentlich regulär vorgesehenen Gehaltserhöhungen nach Dienstaltersstufen ausgesetzt und sämtliche Tarifverhandlungen im Öffentlichen Dienst auf Eis gelegt. Damit ist für alle staatlich Beschäftigten ein genereller Gehaltsstopp verhängt.

Daneben werden die staatlichen Investitionen drastisch zurückgefahren. In den Jahren 2009–2014 sinken sie von 54,2 Milliarden auf 35,7 Milliarden Euro jährlich (während sie im gleichen Zeitraum in Deutschland von 58 Milliarden auf 63 Milliarden Euro steigen). Auf diese Weise sammelt die Regierung in den Jahren von 2012 bis 2014 per Einnahmensteigerung und Ausgabenkürzungen rund 100 Milliarden Euro ein.

Italien spart nach Kräften, aber saniert es sich auch? Die Finanzmärkte jedenfalls bleiben in den ersten acht Monaten der Regierung Monti äußerst skeptisch. Der Spread – der Zinsabstand Italiens gegenüber Deutschland – oszilliert weiterhin zwischen vier und fünf Prozent, überschreitet im Juli 2012 gar wieder die Fünf-Prozent-Marke. Auch das berühmte »Whatever it takes«, das von EZB-Präsident Mario Draghi ausgesprochene

Bekenntnis zur bedingungslosen Verteidigung des Euro, führt zunächst keine Trendwende herbei. Die kommt erst, als die EZB im September 2012 ein milliardenschweres Aufkaufprogramm für die Staatsanleihen notleidender Euro-Länder beschließt, als zugleich das deutsche Bundesverfassungsgericht die Schaffung des Europäischen Stabilitätsmechanismus billigt. Von jenem Moment begann der Spread seine Talfahrt und sollte im Dezember 2012 unter drei Prozent sinken.

Italien hatte derweil für seinen rigiden Austeritätskurs einen hohen Preis gezahlt. In den Jahren einer tiefen Krise hatte die Regierung eine prozyklische Fiskalpolitik verfolgt, die den Absturz weiter beschleunigte. Während das BIP im Jahr 2012 um 2,8 Prozent und im Jahr 2013 noch einmal um 1,7 Prozent einbrach, konnte sich Monti damit rühmen, im Staatshaushalt den Primärüberschuss (den Überschuss der Einnahmen gegenüber den Ausgaben ohne Berücksichtigung der Aufwendungen für Zinszahlungen) im Jahr 2012 auf 2,2 Prozent und im Jahr 2013 auf 1,9 Prozent gesteigert zu haben. Unter dem Strich stand so am Ende eine staatliche Neuverschuldung von drei Prozent (2012) beziehungsweise 2,9 Prozent (2013), die in solchen Zeiten als niedrig gelten dürfen.

Zugleich aber ist der Staat als Konjunkturmotor komplett ausgefallen. Internationale Vergleiche auf diesem Feld sind erhellend. In den Jahren 2009 bis 2014 wuchsen nach Angaben des italienischen Finanzministeriums die gesamten staatlichen Ausgaben nur um 1,4 Prozent, während sie in der EU um neun Prozent, in Deutschland und Frankreich im gleichen Zeitraum sogar um zwölf Prozent stiegen.

Für die Wirtschaft ebenso wie für die Bürger des Landes bedeuteten diese abstrakten Zahlen tiefe Einschnitte. Das Wirtschaftsministerium errechnete auch, dass Italien in den Jahren 2012 bis 2015 kumuliert rund 300 Milliarden Euro seines Bruttoinlandsprodukts eingebüßt hatte. Die Investitionen waren in diesen vier Jahren um zehn Prozent eingebrochen, und auch der

Konsum war gegenüber dem letzten Vorkrisenjahr 2007 um rund zehn Prozent zurückgegangen – ein massiver Wohlstandsverlust der Bevölkerung. Die Industrieproduktion wiederum musste im Zeitraum von 2007 bis 2013 sogar ein Minus von 25 Prozent verzeichnen. Zugleich war die Zahl der Arbeitslosen von 1,7 Millionen auf 3,1 Millionen hochgeschnellt. Die Jugendarbeitslosigkeit erreichte erschreckende 42 Prozent. Nur auf einem Feld gab es Erfolge zu vermelden: Die Handelsbilanz, im Jahr 2011 noch mit 25 Milliarden Euro im Minus, sollte im Jahr 2013 ein Plus von 29 Milliarden aufweisen, die im Folgejahr noch weiter auf 42 Milliarden Euro stiegen. Bis heute blieb Italiens Handelsbilanz seitdem immer positiv – mit Ausnahme des Jahres 2022.

Eines allerdings gelang Italien trotz der enormen Anstrengungen, trotz der den Bürgern auferlegten großen Opfer nicht: die Senkung der öffentlichen Gesamtverschuldung. Hatte sie im letzten Vorkrisenjahr 2007 noch bei 99 Prozent des BIP gelegen, so war sie bis 2012 auf 123 Prozent geklettert und sollte trotz Montis rigidem Sparprogramm 2014 gar 132 Prozent erreichen – auch deshalb weil das seit 2007 um etwa zehn Prozent eingebrochene BIP den Schuldenquotienten in die Höhe trieb.

Italien mochte von der Eurokrise und den zu ihrer Bewältigung aufgelegten Maßnahmen ähnlich hart gebeutelt sein wie andere Krisenländer vor allem des europäischen Südens, doch in einem Punkt unterschied es sich. Während in Spanien schon 2011 die Protestbewegung der Indignados (aus der später die radikal linke Partei Podemos entstehen sollte) von sich reden machte, während Griechenland von den Protesten der Gewerkschaften erschüttert wurde, von Massendemonstrationen und heftigen Zusammenstößen mit der Polizei, blieb es in Italien völlig ruhig.

Gewiss, im Oktober 2012 kamen auf einen Aufruf radikal linker Parteien und Basisgewerkschaften hin gut 100.000 Demonstranten in Rom zu einem »No Monti Day« zusammen. Doch dieser – absolut friedliche – Protest blieb eine Episode, ebenso wie der von den drei großen Gewerkschaftsbünden schon im Dezember

2011 ausgerufene landesweite Streik von vier Stunden, der rein symbolischen Charakter hatte. Anhaltende, gar militante Proteste blieben völlig aus, und Monti konnte angesichts seiner 90-Prozent-Mehrheit im Parlament seinen Sparkurs völlig ungestört durchziehen.

Von vornherein war sein Zeithorizont dabei klar: Im Frühjahr 2013 standen die nationalen Parlamentswahlen an. Erneut, so schien es, war bei ihnen das Duell zwischen dem Mitte-links-Lager einerseits und dem Berlusconi-Block andererseits zu erwarten. Und die Linke durfte sich als klare Favoritin sehen, wie alle Meinungsumfragen des Jahres 2012 bestätigten. Doch es sollte völlig anders kommen. Zwar mochte Italien in den Monaten der Monti-Regierung keine spektakulären Straßenproteste erlebt haben, doch unter der Oberfläche machte sich im ganzen Land binnen Kurzem eine neue Protestbewegung bemerkbar, die bei den Wahlen 2013 zu einem wahren Tsunami für die bisher dominierenden Parteien wachsen sollte: die Fünf-Sterne-Bewegung.

Kapitel 6: Die Fünf Sterne

Silvio Berlusconi und Beppe Grillo: Unterschiedlicher hätten die beiden Männer kaum sein können. Auf der einen Seite der Medien-Milliardär, der immer im eleganten Zweireiher auftrat, die Haare ordentlich gekämmt, der Ton verbindlich, und auf der andere ein Comedian, der lässig in Jeans und Polohemd auf die Bühne ging, bärtig, mit langem wuscheligem Haar, und in seinen Shows gerne dezibelstark herumpolterte.

Eines aber hatten die zwei durchaus gemein. Beide warfen sich als Spätberufene in die Politik, 57 Jahre alt war Berlusconi, als er 1994 seine Forza Italia gründete und zu den Parlamentswahlen antrat, und ziemlich genau im gleichen Alter rief Grillo, nämlich 2005, seinen Blog beppegrillo.it ins Leben, aus dem binnen weniger Jahre der Movimento 5 Stelle (M5S – Fünf-Sterne-Bewegung) hervorgehen sollte.

Und sie einte die Tatsache, dass sie einem Millionenpublikum bekannt waren, ehe sie sich in die Politik begaben. Seine ersten TV-Auftritte hatte Grillo schon 1977, und immer wieder war er in den Folgejahren auf dem Bildschirm zu sehen, erst bei der staatlichen *RAI*, dann bei dem privaten Pay-TV-Sender *Tele+*. Doch als dort Rupert Murdoch im Jahr 2002 die Mehrheit übernahm, stieg Grillo aus.

Präsent blieb er trotzdem, mit seinen Bühnenshows im ganzen Land, bei denen er in ausverkauften Sälen Hunderttausende Zuschauer erreichte. Jene Shows allerdings hatten über die Jahre eine Metamorphose erlebt. Grillo ging es weniger darum, sein Publikum mit Späßen und Bonmots bei Laune zu halten als darum aufzuklären. Auf der Bühne stand weniger ein Komiker als ein Prediger, der – oft schneidend, ja schrill im Ton – die Untaten der Großunternehmen kommentierte, ökologische Sünden anklagte, eine radikale Wende forderte.

Der Comedian behelligte seine Zuschauer zum Beispiel mit Fragen wie der Verkehrswende weg vom privaten Auto, mit erneuerbaren Energien oder ökologisch korrekter Abfallentsorgung, die auf den Bau von Müllverbrennungsanlagen verzichtet. Wellen schlug zum Beispiel seine Polemik gegen die Geschäfte der Telecom Italia, die mit den Rufnummern dubioser Bezahldienste Millionen verdiente. Auch den Milch-Multi Parmalat nahm er aufs Korn, beklagte die Tatsache, dass die Buchführung des Konzerns, der sich in großem Stil mit dem Verkauf von Obligationen an Kleinanleger finanzierte, völlig intransparent war. Seine Anklagen gegen Parmalat lancierte er im Frühjahr 2001 – lange bevor das Unternehmen im Dezember 2003 mit einem Loch von 14 Milliarden Euro in der Bilanz einen betrügerischen Bankrott hinlegte und Hunderttausende Kleinanleger mit in den Ruin riss.

In jenen Jahren wetterte der Comedian auch gerne gegen den Vormarsch der Computer, die er als Gift betrachtete; immer wieder zertrümmerte er auf der Bühne mit dem Vorschlaghammer Computer-Bildschirme. Doch im Jahr 2005 vollzog Grillo auf diesem Feld eine 180-Grad-Wende, die weitreichende Konsequenzen haben sollte. Nach einer Begegnung mit dem IT-Unternehmer Gianroberto Casaleggio warf er seine alte Feindschaft gegen die Informationstechnologie über Bord; stattdessen brachte er seinen Blog beppegrillo.it an den Start.

Die Themen dort waren die gleichen wie in seinen Shows. Im Mittelpunkt standen ökologische Fragen, daneben Kritik an Großunternehmen, Kritik aber auch am Gebaren der dominierenden Parteien. Der Blog zündete sofort, hatte bald Hunderttausende regelmäßiger Nutzer. So lancierte er schon im Jahr 2005 einen Aufruf gegen die Wählbarkeit vorbestrafter Kandidaten fürs nationale oder Europäische Parlament.

Angesichts des großen Echos schlug Grillo seinen Fans nur sechs Monate nach der Gründung des Blogs vor, sich lokal auf der Social-Media-Plattform Meetup zu vernetzen und örtliche

Diskussionsforen zu schaffen. Auch diese Idee griff sofort, quer durchs Land schossen die Meetups der »Amici di Beppe Grillo«, der »Freunde Beppe Grillos« aus dem Boden. Noch aber sprach niemand, weder der Anführer noch seine Gefolgschaft, von der Gründung einer politischen Bewegung.

Diese allerdings zeichnete sich spätestens im Jahr 2007 ab, als Grillo für den 8. September in ganz Italien zum »Vaffa-Day«, zum »Scher-dich-zum Teufel-Tag« aufrief. Bei diesem Event ging es nicht um die ökologischen Themen, die den Comedian umtrieben, sondern um eine zweite Frage, der er sich ebenfalls aufmerksam widmete: den Kampf für eine saubere Politik. Wie virulent das Thema in Italien war, hatte der Erfolg des im gleichen Jahr erschienenen Buchs »La casta« (»Die Kaste«) gezeigt, in dem die beiden Journalisten Gian Antonio Stella und Sergio Rizzo mit den unzähligen Privilegien der Politiker und der Parteien abrechneten. Binnen weniger Monate erreichte die verkaufte Auflage mehr als 1,2 Millionen Exemplare.

Um die »Kaste« ging es auch auf Grillos Vaffa-Day. Er selbst redete auf der Hauptkundgebung in Bologna, zu der 50.000 Menschen gekommen waren, während Hunderttausende weitere zu den Kundgebungen in zahlreichen anderen italienischen Städten geströmt waren. Schon dies war ein einigermaßen unglaublicher Erfolg, denn die traditionellen Medien, die Tageszeitungen ebenso wie das Fernsehen, hatten das Ereignis totgeschwiegen, und die Mobilisierung erfolgte allein über Grillos Blog sowie die lokalen Meetups.

Mehr als zwei Stunden redete Grillo in Bologna. Immer wieder nannte er Politiker beim Namen, nannte er ihre Vorstrafen, wegen Korruption, wegen Amtsmissbrauchs, wegen illegaler Parteienfinanzierung, und jedes Mal schloss das Publikum im Chor »Vaffanculo!«, »Scher dich zum Teufel!«. Auf den Kundgebungen ging es aber um mehr als darum, Dampf abzulassen. Überall wurden Unterschriften für ein legislatives Volksbegehren gesammelt, das darauf zielte, vorbestraften Personen die Kandidatur für das Parlament zu versagen, die Beschränkung der Amtszeit von Parlamentariern auf zwei Legislaturperioden verlangte und das schließlich auch die Einführung einer Präferenzstimme bei den Wahlen anstrebte, sprich die Möglichkeit für die Wähler, ihr Kreuz nicht nur bei einer Parteiliste, sondern dort auch bei dem von ihnen bevorzugten Kandidaten zu machen. Der Erfolg der Initiative war durchschlagend: Allein am Vaffa-Day kamen etwa 350.000 Unterschriften zusammen.

Endgültig hatte Grillo damit sein Kernthema, das in den Folgejahren die bisher im Mittelpunkt stehenden ökologischen Fragen auf den zweiten Platz verdrängen sollte: die Durchsetzung einer neuen, sauberen Politik im Interesse der Bürger gegen die korrupten oder im besten Fall unfähigen Berufspolitiker der »Kaste«. Dabei teilte der Comedian gleichermaßen nach rechts wie nach links aus. Während er den kleinwüchsigen Berlusconi als »Psiconano«, als »Psychozwerg« schmähte, keilte er zugleich gegen den im Jahr 2007 als Ministerpräsident der Mitte-links-Koalition regierenden Romano Prodi als »Valium« oder auch als »Alzheimer-Prodi«.

Noch aber stand die Gründung einer nationalen politischen Bewegung nicht im Raum. Zwar wurde auf lokaler Ebene der erste Schritt im Jahr 2008 getan, als in einigen Städten Fünf-Sterne-Bürgerlisten auf kommunaler Ebene angeschoben wurden. Damit waren erstmals die fünf Sterne, das Symbol der entstehenden Bewegung, in der Welt: Sie standen für öffentliche Wasserversorgung (sprich gegen deren Privatisierung), für Umweltschutz, für die Verkehrswende, für Entwicklung, für neue Energien. Zugleich aber schloss Grillo eine Kandidatur der Fünf Sterne bei den nationalen Wahlen von 2008 kategorisch aus.

Ja selbst noch im Juli 2009 spricht der Comedian nicht von der Gründung einer eigenen, neuen Bewegung. Stattdessen will er bei der Urwahl des Parteichefs des gemäßigt linken Partito Democratico (PD) antreten – wird jedoch nicht zugelassen, weil, so die Begründung für den Ausschluss, die Kandidatur als bloße

»Provokation« angelegt sei. Piero Fassino, einer der führenden PD-Politiker, lästerte seinerzeit: »Wenn Grillo Politik machen will, soll er doch eine Partei gründen und mit ihr bei den Wahlen antreten, dann sehen wir, wie viele Stimmen er bekommt«.

Grillo nahm den ihm mit einer gewissen Verächtlichkeit hingeworfenen Fehdehandschuh umgehend auf – und gründete im September 2009 die »Nationale Fünf-Sterne-Bewegung«. Schon im Jahr 2010 erreichen die Fünf Sterne sieben Prozent bei den Regionalwahlen in der Emilia-Romagna und vier Prozent im Piemont, und ein Jahr später kann der M5S bei den Kommunalwahlen in Bologna, Rimini und Ravenna Resultate zwischen neun Prozent und zwölf Prozent verzeichnen.

Der Durchbruch aber kommt dann im Jahr 2012. Der M5S erobert mit Parma die erste Großstadt mit über 100.000 Einwohnern, und bei den Regionalwahlen in Sizilien kommt ihr Kandidat für das Amt des Regionspräsidenten auf 18 Prozent. Damit ist die Bewegung endgültig in der Welt.

Eine Bewegung, die in vieler Hinsicht originär ist. Sie hat keine Parteibüros, sondern bestenfalls lokale Meetups, und auf nationaler Ebene sind ihre Aktivisten beim Blog beppegrillo.it registrierte Mitglieder. Doch es existieren weder Mitgliedsbeiträge noch auch Gremien auf lokaler, regionaler und nationaler Ebene. Schließlich predigen die Fünf Sterne das Ende der repräsentativen Demokratie, an deren Stelle die direkte, über Internet organisierte Demokratie treten soll. Auch im Inneren gilt das Prinzip, dass nicht Ortsvereine oder Gremien entscheiden, sondern direkt die Aktivisten, per Online-Votum.

Die Basisdemokratie allerdings hat Grenzen. Ist Grillo zum Beispiel mit einer lokalen Liste oder mit einem unter dem Fünf-Sterne-Symbol gewählten Mandatsträger nicht einverstanden, so entzieht er mit einem Federstrich der Liste das Symbol und damit die Zugehörigkeit zur Bewegung oder er wirft den ungenehmen Mandatsträger einfach raus. Grillo gelingt so das Kunststück, eine basisdemokratische Bewegung mit diktatorischer Führung zu schaffen. So nämlich steht es im »Nicht-Statut« der »Nicht-Vereinigung«, die als »Sitz« die Website beppegrillo.it ausweist: Beppe Grillo alleine verfügt über das Symbol der Bewegung, das er an Listen oder Kandidaten verleihen kann oder auch nicht. Die komplette Entscheidungsgewalt liegt bei nur zwei Männern, bei Beppe Grillo, dem »Megaphon« der Bewegung, wie er sich gerne nennt, sowie bei Gianroberto Casaleggio, dem Mastermind, der im Hintergrund die Fäden zieht, der sich um den Online-Auftritt genauso wie um die Strategien der Fünf Sterne kümmert.

Und Grillo gelingt das zweite Kunststück, den alten Rechts-links-Gegensatz kurzerhand für überholt zu erklären. »Weder rechts noch links« seien die Fünf Sterne, behauptet er, behaupten die Seinen unermüdlich, und die Botschaft kommt an. Aktivisten ebenso wie Wähler strömen dem M5S jedenfalls in den Folgejahren aus allen politischen Himmelsrichtungen zu, von rechtsaußen bis extrem links, während den Wahlforschern zufolge rund ein Drittel der M5S-Wähler sich auf diesem Spektrum gar nicht mehr verorten mag.

Zehntausende Menschen haben bis Februar 2013 – dem Zeitpunkt der Neuwahlen des Parlaments – als Aktivisten zur Bewegung gefunden, geeint vor allem durch ihren charismatischen Anführer, geeint auch durch die tiefe Unzufriedenheit mit der Politik der traditionellen Parteien, die bei ihnen ebenso wie bei Millionen Wählern verstärkt wird durch die einschneidenden Folgen der Eurokrise und der in Reaktion auf sie von der Regierung Monti verfolgten harten Austeritätspolitik.

Kapitel 7: Die Wutwahlen 2013

Eigentlich war am Anfang des Jahres 2013, unmittelbar vor den für Ende Februar anberaumten Parlamentswahlen, alles so wie immer seit Silvio Berlusconis Einstieg in die Politik 1994. Alle Medien des Landes, alle politischen Beobachter diskutierten nur die eine Frage: Würde am Ende die favorisierte Linke wirklich die Nase vorn haben, oder könnte Berlusconi wieder einmal die Aufholjagd gelingen?

Gewiss, neben den beiden großen Blöcken waren zwei neue politische Akteure auf dem Feld. Mario Monti, seit November 2011 Ministerpräsident an der Spitze einer Technikerregierung, hatte den Italienern ein Geschenk unter den Baum gelegt, als er in der Weihnachtsnacht 2012 seine Kandidatur bei den anstehenden Wahlen verkündete, an der Spitze der von ihm aus der Taufe gehobenen Liste Scelta Civica (Bürgerliche Entscheidung) und im Verbund mit zwei weiteren kleinen Mitteformationen.

Und auch die Fünf Sterne Beppe Grillos traten erstmals bei einer nationalen Parlamentswahl an. Sowohl für Monti als auch für Grillo prognostizierten die Meinungsforscher Resultate zwischen jeweils 12bis15 Prozent. Doch das italienische Wahlrecht prämierte die stärkeren Kräfte. Es sah den Proporz mit Mehrheitsbonus vor. In beiden Häusern des Parlaments wurden die Sitze proportional an die Parteilisten vergeben, allerdings mit einem kräftigen Bonus für die jeweils siegreiche Allianz. Sie erhielt im Abgeordnetenhaus automatisch 340 der 630 Sitze – auch wenn sie nur 30 Prozent der Stimmen erobert hätte. Komplizierter war das Verfahren im Senat. Dort nämlich wurde der Bonus jeweils regional in den 20 Regionen vergeben. Unter dem Strich stand ein System, das eine sichere Mehrheit im Abgeordnetenhaus garantierte, keinesfalls aber im Senat. Doch auch dort galt, dass die stärksten Allianzen – und das waren im Vorfeld der Wahl anscheinend das Mitte-links-Lager sowie der Berlusconi-Block – überproportional vertreten sein würden.

So wie immer in den letzten 20 Jahren war auch Berlusconis Wahlkampf. Er, der genauso wie der linke Partito Democratico (PD) die Regierung Monti gestützt hatte, war am Ende aus dem breiten Regierungsbündnis ausgeschert, um im Wahlkampf die Hände frei zu haben – frei für wüste Polemiken gegen eben jene Exekutive, die er mitgetragen hatte, frei auch für jene großsprecherischen Verheißungen, die seine Wahlkampagnen immer geprägt hatten.

Monti musste sich jetzt vorwerfen lassen, er habe mit seinem harten Sparkurs »die Italiener zum Weinen gebracht«, und es sei höchste Zeit, »Schluss mit dem deutschen Europa« zu machen. Gleich vier Millionen neue Arbeitsplätze versprach Berlusconi, sollte er an die Macht zurückkehren, dazu obendrauf wieder einmal den Bau der Brücke von Messina, die Sizilien mit dem italienischen Festland verbinden sollte. Und auch der Evergreen der Abschaffung der Grundsteuer aufs selbst bewohnte Eigenheim fehlte nicht, inklusive der Rückerstattung der für das Jahr 2012 gezahlten Grundsteuer. Wenige Wochen vor der Wahl fanden Millionen Italiener ein Schreiben in ihrer Post, das in Behördenton mitteilte, »Wichtige Nachricht: Erstattung der Grundsteuer 2012« – abgesandt allerdings nicht vom Finanzamt, sondern von Berlusconi.

Genauso wie auf bewährte Botschaften setzte Berlusconi auf die bewährten Instrumente. Volle 70 Stunden war er in den Wochen vom Dezember 2012 bis Ende Januar 2013 auf allen TV-Kanälen omnipräsent, um seine vollmundigen Versprechungen unters Volk zu bringen. Die Masche zog. In den Umfragen kletterte die von ihm geführte Rechtsallianz langsam, aber stetig in Richtung 30 Prozent.

Vergleichbare Feuerwerke hatte die Mitte-links-Allianz nicht zu bieten. Allerdings war es ihr gelungen, mit den im Dezember 2012 abgehaltenen Primaries, in denen ihr Spitzenkandidat ermittelt wurde, die eigene Anhängerschaft zu mobilisieren. Dort waren in der ersten Runde der PD-Vorsitzende Pierluigi Bersani, der ebenfalls aus dem Partito Democratico stammende Jungpolitiker Matteo Renzi – der als »Erneuerer« auftrat – sowie der radikal linke Präsident der Region Apulien Nichi Vendola angetreten. Da im ersten Durchgang keiner mehr als 50 Prozent erzielte, kam es zur Stichwahl zwischen den beiden Erstplatzierten Bersani und Renzi, die Bersani mit 60 Prozent für sich entschied.

Als Mobilisierungsinstrument hatten die Vorwahlen hervorragend funktioniert. 3,1 Millionen Wähler hatten an der ersten, 2,8 Millionen an der zweiten Runde teilgenommen. Vor allem aber war allein der Partito Democratico mit der ersten Runde in den Meinungsumfragen auf 30 Prozent, mit der zweiten Runde gar auf 35 Prozent geklettert, und für die gesamte Mitte-links-Allianz schienen bei den Parlamentswahlen bis zu 40 Prozent drin zu sein.

Damit, so schien es, war das Rennen eigentlich schon gelaufen und an einem Sieg Bersanis gegen Berlusconi kaum zu rütteln. Entsprechend unengagiert führte der PD den Wahlkampf. Während Berlusconi auf allen TV-Kanälen Wolkenkuckucksheime versprach, nuschelte der uncharismatische Bersani in den Talk-Shows von solidem Regieren, von dem »gerechten Italien«, das ihm vorschwebte. An konkreten Versprechungen hatte er mitten in der tiefen Rezession bloß ein mehr als bescheidenes staatliches Investitionsprogramm von sieben Milliarden Euro, gestreckt auf drei Jahre, im Programm. Auf der letzten Kundgebung zwei Tage vor der Wahl verkündete Bersani denn auch, er sei nicht gekommen, um »den Leuten Märchen zu erzählen«, das überlasse er »den Populisten« Berlusconi und Grillo.

Dass der Frontmann der Linken Berlusconi und Grillo in einem Atemzug nannte, hatte durchaus seine Berechtigung – eine Berechtigung, von der Bersani seinerzeit, unmittelbar vor den Wahlen, allerdings noch nichts ahnte.

Denn genauso wie Berlusconi im Jahr 1994 war Grillo jetzt gekommen, um erneut Italiens Politik und Parteienlandschaft zu revolutionieren, wenn auch mit anderen Botschaften, mit anderen Instrumenten. Berlusconi hatte das Fernsehen als wichtigsten Ort etabliert, an dem der politische Wettbewerb ausgetragen wurde, und er hatte immer auf seinen ganz eigenen Gute-Laune-Populismus der vollmundigen Versprechen gesetzt. Mit Grillo präsentierte sich jetzt eine neue Lichtgestalt, ein neuer Retter des Vaterlands, der eine »friedliche Revolution« versprach.

Doch das Fernsehen spielte in seinem Wahlkampf keinerlei Rolle. Er selbst nahm an keiner einzigen Talk-Show, keiner TV-Debatte teil, und er untersagte auch allen Kandidaten des M5S jedwede Fernsehpräsenz. Der Ort der Fünf Sterne war das Internet. Dort hatte, per Mausklick der registrierten Aktivisten, schon die Kür der Kandidaten für das Abgeordnetenhaus und den Senat stattgefunden, und rund 98.000 Aktivisten hatten online ihre Stimme abgegeben. Dort, auf Beppe Grillos Blog und den lokalen Internetforen des M5S, lief auch der Wahlkampf.

Zugleich aber setzte Grillo auf ein ganz traditionelles Instrument: auf die Massenkundgebung. »Tsunami Tour« nannte er ganz unbescheiden seine Wahlkampftour quer durch Italien, die in Dutzenden Städten Station machte – überall mit Tausenden Menschen, die zusammenströmten, um Grillos Botschaft zu lauschen. Anders als Berlusconi bot der Comedian nicht Versprechungen, sondern Verwünschungen. Zwar waren jeweils auch die örtlichen Kandidaten auf der Bühne, hinter Grillo, doch mehr als ein paar Sätze durften sie nicht sagen – die Auftritte blieben Grillos One-Man-Show, bei der die kandidierenden Nobodys der M5S-Listen bloß die Staffage bildeten.

Vorneweg verwünschte der vom Komiker zum Volkstribun Mutierte die Vertreter der traditionellen Parteien von links bis rechts, die »Mumien, Zombies, Totengräber der Demokratie«, denen er entgegenschleuderte, »diese parasitäre Form der Politik muss aufhören, sie alle müssen ab nach Hause!«

Statt jener Parteien, die sich bloß selbst die Taschen füllten, müsse endlich eine neue Form der Politik Platz finden, so Grillo.

Was die Fünf Sterne sich unter neuer Politik vorstellten, machten sie gerade in Sizilien vor. Dort hatten sie bei den Regionalwahlen im Oktober 2012 aus dem Stand 15 Prozent erobert, und umgehend hatten sie die Annahme der ihnen eigentlich zustehenden millionenschweren staatlichen Wahlkampfkostenerstattung rundheraus abgelehnt. Mehr noch: Die neuen M5S-Regionalabgeordneten kürzten sich selbst ihre Diäten, die bei monatlich über 10.000 Euro lagen, auf 2.500 Euro herunter und führten den großen Rest in einen Topf ab, aus dem notleidende Kleinunternehmen unterstützt werden sollten.

Eben dieses Modell einer Politik, in der die Mandatsträger sich als einfache Bürger sahen, die bloß temporär – für maximal zwei Legislaturperioden – Wahlämter bekleideten, predigte Grillo jetzt fürs ganze Land, nach dem Motto der Bewegung »uno vale uno«, »jeder zählt gleich viel«. Von Verona bis Palermo dankten es ihm die Zehntausenden Zuhörer mit tosendem Beifall, und dass den »alten« Parteien da wirklich ein Tsunami drohte, zeigte sich bei Grillos Abschlusskundgebung zwei Tage vor der Wahl in Rom.

Mehrere Hunderttausend Menschen hatten die weite Piazza San Giovanni gefüllt, um Grillos Botschaft zu lauschen, die anderen seien »gescheitert«, Bersani sei »ein Parasit«, die ganze alte Politikergarde müsse weg. »Ergebt euch, ihr seid umzingelt.« Opfer sollten gefälligst zuerst die Politiker bringen, nicht das einfache Volk.

Klar war für Grillo auch, wie es für das Land angesichts der Eurokrise und der einschneidenden Sparmaßnahmen weitergehen sollte. »Alle europäischen Verträge müssen neu verhandelt werden«, forderte er, ja er verlangte auch ein Referendum über Italiens Verbleib im Euro. Auch bei diesem Ansinnen wusste er die M5S-Anhängerschaft – halb Web-Community, halb Wut-Bürgerinitiative – auf seiner Seite.

Dennoch ging Bersani angesichts der vorliegenden Meinungsumfragen bis zuletzt vom halbwegs sicheren Sieg des Mitte-links-Lagers aus. Im Abgeordnetenhaus, so das Kalkül, werde es als stärkste Allianz eine sichere Mehrheit haben, und im Senat drohte im schlimmsten Fall die Notwendigkeit, auch Mario Montis neue Mitte-Allianz ins Boot zu holen.

Schließlich wurden auch Monti 15 Prozent der Stimmen vorhergesagt. Der Ökonomieprofessor selbst war das wichtigste Versprechen seiner Liste. Hatte er nicht Italien vor dem Absturz bewahrt, vor dem Staatsbankrott und dem Ausscheiden aus dem Euro? Mit dieser Linie wolle er vor allem gemäßigte konservativ-liberale Wähler ansprechen, und zur Hilfe kam ihm, dass sowohl der Vatikan als auch die italienische Bischofskonferenz recht unverhohlen ihre Sympathien für Monti durchblicken ließen.

Die Illusion, es könne reichen für eine neue Regierung unter Bersani, womöglich mit einem Juniorpartner Monti, hielt bis zur Schließung der Wahllokale an: Selbst die Nachwahlbefragungen verhießen dem Mitte-links-Lager noch 36 bis 38 Prozent der Stimmen, dazu Monti 7 bis 9 Prozent.

Doch als die Stimmen ausgezählt waren, war die Sensation perfekt. Bersanis Allianz musste sich mit insgesamt 29,6 Prozent der Stimmen bescheiden, auf den Partito Democratico entfielen davon 25,4 Prozent. Der Berlusconi-Block erreichte mit 29,2 Prozent die Ziellinie, und Berlusconis eigene Partei Popolo della Libertà erzielte 21,6 Prozent. Doch völlig überraschend schossen Grillos Fünf Sterne von Null auf 25,6 Prozent hoch – und waren damit Italiens stärkste einzelne Partei. 109 Abgeordnete und 54 Senatoren saßen für sie nun im Parlament. Für den Partito Democratico fasste Parteichef Bersani das Ergebnis in der euphemistischen Formel zusammen, seine Partei habe einen »Nicht-Sieg« nach Hause getragen.

Gewiss, die Mitte-links-Allianz hatte dank des Mehrheitsbonus mit 345 der 630 Sitze im Abgeordnetenhaus eine klare Übermacht, doch im Senat lagen – dank der regionalen Vergabe des Bonus – die Dinge völlig anders. Dort kam das Mitte-links-Lager nur auf 121 der 315 Sitze, und selbst unter Hinzuzählung der 19 Monti-Senatoren blieb es von der absoluten Mehrheit weit entfernt. Italiens Verfassung jedoch behandelt beide Häuser als völlig gleichberechtigt: Eine Regierung kann nur bilden, wer sowohl im einen wie im anderen Haus die Mehrheit hinter sich weiß.

Damit stand wenigstens ein Wahlresultat fest: Das seit 1994 geltende bipolare Schema der Konfrontation zwischen dem Berlusconi-Block einerseits und dem Anti-Berlusconi-Block links der Mitte andererseits war über den Haufen geworfen. Statt zwei waren jetzt drei Lager im Parlament präsent, und zumindest im Senat hatte keines von ihnen die Mehrheit. Möglich war damit eine neue Regierung nur in dem Fall, dass zwei der drei – einander unversöhnlich gegenüberstehenden – Lager zueinanderfanden.

Dank der Mitte-links-Mehrheit im Abgeordnetenhaus hieß dies: Entweder der Partito Democratico einigt sich mit Berlusconi, oder aber er geht mit dem M5S zusammen. Bersani versuchte einen solchen Brückenschlag zu den Fünf Sternen, handelte sich aber umgehend deren Nein ein. Scheinbar ging nichts mehr. Im April mussten die beiden Häuser des Parlaments aber den neuen Staatspräsidenten wählen, da die Amtszeit des bisherigen, Giorgio Napolitano, im Mai auslief.

Wiederum war der PD am Zug, schließlich stellte er 490 der 1.007 Wahlmänner und -frauen. Und in der Partei wurde die Präsidentenwahl zur Richtungsentscheidung über den einzuschlagenden Kurs, darüber, ob ein Kompromiss mit den Fünf Sternen oder doch lieber mit der Berlusconi-Rechten zu suchen sei. Darüber wurde die Präsidentenwahl zu einer internen Abrechnung im PD. Große Teile der Partei verweigerten dem von der Führung vorgeschlagenen Kandidaten Franco Marini, einem alten noch aus der Christdemokratie stammenden Fahrensmann, die Zustimmung. Daraufhin schickte Bersani mit Romano Prodi jenen Elder Statesman der Partito Democratico ins Rennen, der über die höchste Autorität verfügte und der zweimal Mitte-links-Regierungen angeführt hatte.

Doch Prodi gilt auch als einer, der einen Brückenschlag zu Grillos Truppe nicht ausschließt. Der Wahlgang wird für ihn zum

Desaster. Obwohl der PD in der Wahlversammlung 496 Stimmen hat, votieren nur 395 für Prodi, der daraufhin seine Kandidatur umgehend zurückzieht. Wer die Verschwörer in der Partei waren, blieb bis heute ungeklärt, doch sicher war: Sie votierten gegen ein mögliches Zusammengehen des PD mit dem M5S – und sie sprachen dem bisherigen Parteichef Bersani zugleich ihr Misstrauen aus.

Angesichts fehlender Optionen traten nicht nur der PD, sondern auch Berlusconis Popolo della Libertà sowie die Lega Nord den Canossa-Gang zu Napolitano an, um ihn anzuflehen, sich trotz seiner 87 Jahre für eine weitere Amtszeit zur Verfügung zu stellen. Der willigt ein, machte aber deutlich, dass auch dies eine Richtungsentscheidung ist. Der alte-neue Präsident der Republik will den Brückenschlag zwischen dem Mitte-links-Lager und Berlusconis Rechtsallianz, während Grillos Fünf Sterne außen vor bleiben sollen. Und wenige Tage später beauftragt er den PD-Politiker Enrico Letta mit der Bildung einer Regierung, die von einer Großen Koalition der Linken mit der Berlusconi-Rechten getragen wird.

Nicht nur diese eigentlich widernatürliche Koalition war ein Novum. Ein Novum war auch, dass der Partito Democratico – obwohl er nach dem Eingeständnis seines Vorsitzenden die Wahlen gar nicht gewonnen hat – in den folgenden fünf Jahren immer den Ministerpräsidenten stellen, ja mehr noch: dass er trotz einer weiteren Pleite bei den Wahlen im Jahr 2018 bis 2022 fast immer in der Regierung sitzen wird.

Dies verdankt sich schlicht der Tatsache, dass die Wahl von 2013 das alte bipolare Schema weggefegt hat und damit die Mehrheiten nicht mehr an der Wahlurne, sondern erst im Parlament zustandekommen. Dennoch mag es auf den ersten Blick scheinen, als gehe der Parteienwettbewerb, einmal abgesehen vom Aufkommen der Fünf Sterne, seinen gewohnten Gang. Weiter sind auf der Rechten Berlusconis Partei, dazu die Lega und die Postfaschisten aktiv, weiter dominiert links der Partito Democratico neben einer kleinen, radikal linken Liste. Doch der Eindruck täuscht: Gleich mehrere Parteien werden von 2013 nicht zuletzt angesichts des schockierenden Wahlresultats eine tiefe Transformation erleben, vorneweg der PD, der auf seinen »Nicht-Sieg« mit einem radikalen Richtungs- und Führungswechsel reagiert.

Kapitel 8: Die Häutungen der italienischen Linken

Eine merkwürdige Asymmetrie herrschte seit 1994 zwischen der italienischen Rechten und der Linken. Rechts waren über Jahre hinweg die immer gleichen Anführer, die immer gleichen politischen Kräfte auf dem Feld, Silvio Berlusconi mit seiner Forza Italia, Gianfranco Fini mit seiner postfaschistischen Alleanza Nazionale, Umberto Bossi mit der Lega Nord. Mit der im Jahr 2008 vollzogenen Vereinigung zwischen Forza Italia und Alleanza Nazionale zum Popolo della Libertà (Volk der Freiheit) hatte zudem eine weitere Konsolidierung stattgefunden.

Links der politischen Mitte dagegen blieben die Dinge in ständigem Fluss, war ein steter Wechsel bei den Führungsfiguren ebenso wie im Parteientableau zu besichtigen. So sah zum Beispiel der Partito Democratico della Sinistra (Partei der demokratischen Linken) in den Jahren 1994 bis 2001 drei Vorsitzende, verschliss die Mitte-links-Allianz an der Regierung in den Jahren von 1996 bis 2001 erst den Ministerpräsidenten Romano Prodi (1996–1998), dann gleich zwei Nachfolger, Massimo D'Alema (1998–2000) und Giuliano Amato (2000–2001) – um schließlich mit einem neuen, dem nunmehr vierten Frontrunner Francesco Rutelli in den Wahlkampf zu ziehen!

Auch die extreme Zersplitterung unterschied das Mitte-links-Bündnis konstant vom rechten Lager. Als Prodi im Jahr 1996 die Regierung übernahm, saßen Minister und Staatssekretäre aus gleich zehn Parteien mit am Kabinettstisch, und in der Koalition waren sogar 14 Parteien vertreten. Nicht viel anders sollte das Bild sein, als Prodi im Jahr 2006 erneut gegen Berlusconi die Wahlen gewann: Zwölf Parteien zählten zu seiner Allianz, acht von ihnen schafften es, Parlamentssitze zu erobern.

Wenigstens eine Konstante galt jedoch auch links der Mitte: Zwei Kräfte dominierten die Allianz eindeutig. Ganz oben war der Partito Democratico della Sinistra (Partei der demokratische Linken) zu nennen, im Jahr 1991 hervorgegangen aus der Kommunistischen Partei, der bei den Wahlen in den 1990er-Jahren jeweils rund 20 Prozent erreichte und mit gut 600.000 Mitgliedern (1998) auf eine solide Organisationsstruktur zählen konnte.

Neben ihm stand der Partito Papolare Italiano (PPI – Italienische Volkspartei), 1994 auf den Trümmern der unter ihren Korruptionsskandalen zerbrochenen Democrazia Cristiana entstanden, gegründet von jenen Christdemokraten, die Berlusconi und seinem Rechtsblock in offener Ablehnung gegenüberstanden.

Schon zwischen ihnen war die Findung gemeinsamer Positionen – zum Beispiel auf dem Feld der Rechte für homosexuelle Paare oder in der Frage von Patientenverfügungen – eine alles andere als einfache, oft zum Scheitern verurteilte Übung. Die weiteren Bündnispartner machten die Situation nicht besser: Ihre Spannbreite reichte von radikal linken Kommunisten bis zu wirtschaftsliberal geprägten Kräften der Mitte – ganz so als hätte man in Deutschland eine Allianz geschmiedet, die von der Linkspartei zur CDU reicht!

Das Resultat war unausweichlich. Mehr als solides Regieren auf einem Mittekurs – eher als auf einem Linkskurs – hatte dieses Bündnis nicht zu bieten. So führte Romano Prodi, der seit 1996 amtierte, Italien mit konsequenter Haushaltskonsolidierung in den Euro. Daneben stand eine Welle von Privatisierungen diverser Staatsbetriebe, beginnend bei der Telecom, dem Energieerzeuger ENEL und dem Petrochemie-Unternehmen ENI. Zugleich trieb die Mitte-links-Allianz die Arbeitsmarktflexibilisierung mit neuen Normen zu Leiharbeit, Zeitverträgen oder auch Verträgen auf Honorarbasis voran.

Solide sollte das Mitte-links-Lager dann auch wieder in den wenigen Monaten vom Sommer 2006 bis zur Krise der Regierung Prodi im Januar 2008 die Geschäfte führen, beginnend bei einer Haushaltskonsolidierung und einem deutlich erhöhten Primärüberschuss. Vorsichtige linke Akzente gab es diesmal in der

Steuerpolitik mit einer entschlossenen Bekämpfung der Steuerhinterziehung, einigen verbraucherfreundlichen Liberalisierungsmaßnahmen sowie der Möglichkeit, Immobiliendarlehen vorzeitig ohne Zahlung von Strafzinsen abzulösen.

Doch etwa bei der Einführung einer eingetragenen Lebenspartnerschaft für homosexuelle Paare scheiterte die Koalition kläglich. Schon der im Jahr 2007 vorgelegte Entwurf war alles andere als mutig. So sollten sich die Paare nicht beim Standesamt, sondern bloß ganz privat beim Notar registrieren lassen. Doch selbst diese Regelung scheiterte am Widerstand katholischer Kräfte innerhalb des Mitte-links-Lagers.

Mehr war nicht möglich, denn der einzige wirkliche Kitt dieser Mitte-links-Allianz war allein das Ziel, Berlusconi in der Regierung zu verhindern. Doch selbst dieses Ziel wurde konstant mit angezogener Handbremse verfolgt. So gelang es keiner der Mitte-links-Koalitionen, ein Gesetz zu verabschieden, dass den Interessenkonflikt Berlusconis zwischen seiner unternehmerischen und seiner politischen Rolle einer Lösung zugeführt hätte. Und ebenso wenig gelang es, ein neues Mediengesetz zu verabschieden, das die Übermacht von Berlusconis Mediaset auf dem TV-Markt beschränkt hätte.

Im Gegenteil setzten wichtige Anführer der Linken immer wieder Zeichen, die darauf zielten, Berlusconi in Sicherheit zu wiegen. So besuchte Massimo D'Alema, der damalige Vorsitzende der PDS, nur zwei Wochen vor den Wahlen von 1996 den Firmensitz der Mediaset und erklärte dort vor den Managern ebenso wie den Angestellten, sie hätten »nichts zu befürchten«, denn Berlusconis TV-Holding sei »ein wichtiges Gut Italiens«.

Nicht umsonst hatte D'Alema in seinem Buch »Un paese normale« von 1995 erläutert, wie er sich Italien als »normales Land« vorstellte: als eine Nation, in der die beiden politischen Lager darauf verzichteten, einander die Legitimität abzusprechen, und stattdessen in einen gesitteten demokratischen Wettbewerb traten. Der Imperativ hieß damit: Berlusconi einbinden statt ihn zu verteufeln.

Und Versuche der Einbindung gab es immer wieder. Schon 1997 – während Prodi regierte – setzte D'Alema im Parlament einen Sonderausschuss zur Verfassungsreform durch, in dem unter seinem Vorsitz das Mitte-links-Lager mit dem Berlusconi-Block über mögliche Verfassungsreformen beriet. Um Berlusconi nicht unnötig zu verärgern, legte die Mitte-links-Koalition sämtliche Gesetzesvorhaben zur Regelung seines Interessenkonflikts und seiner TV-Übermacht vorerst auf Eis. Berlusconi selbst ließ dann 1999 den Verfassungsdialog platzen, weil die Mitte-links-Parteien ihm in einem für ihn entscheidenden Punkt nicht entgegenkamen: Sie verweigerten eine Amnestie, die allen gegen ihn laufenden Verfahren ein Ende gesetzt hätte.

Zu diesem Versuch, einer Eskalation im Verhältnis zu Berlusconi vorzubauen, darf die sehr zurückhaltende Reaktion der Mitte-links-Allianz auf die heftigen Proteste zählen, die seit 2001 gegen den nun wieder regierenden Medien-Tycoon, seine Medien-, Justiz- und Arbeitsmarktgesetze aufkamen. Während Millionen Menschen auf den Straßen demonstrierten – Menschen, die in übergroßer Mehrheit links wählten –, rümpften viele der linken Parteiführer, beginnend mit D'Alema, die Nase, weil ihnen diese Proteste als zu radikal erschienen.

Neben dem Versuch, den Berlusconi-Block »einzubinden«, setzte das Mitte-links-Lager zugleich darauf, in den eigenen Reihen die Zersplitterung wenigstens zu reduzieren und die Kräfte zu bündeln. Einen ersten Schritt tat der PDS, als er sich mit diversen kleineren linken Parteien – Sozialisten ebenso wie Linkskatholiken – vereinigte und zu den Democratici di Sinistra (Linksdemokraten) umgründete. Spuren in der italienischen Politik hinterließ dieses Aufsaugen einiger kleiner linker Splitter durch die große Nachfolgepartei der Kommunisten jedoch nicht.

Relevanter war da schon die Konsolidierung der Kräfte im Mittesegment des Anti-Berlusconi-Bündnisses. Erstmals traten zu den Parlamentswahlen 2001 der christdemokratische PPI sowie liberale Kräfte in der gemeinsamen Liste »La Margherita« an, die gut 14 Prozent erreichte, und gründeten kurz darauf die Partei Democrazia e Libertà, die im Alltag jedoch weiterhin »La Margherita« genannt wurde.

Ein echter Befreiungsschlag, der die Probleme der inneren Spaltung ebenso wie des zu breiten politischen Spannungsbogens im Bündnis hätte überwinden können, war diese Neugründung aber auch nicht. Deshalb setzte nach Romano Prodis erneutem Wahlsieg im Jahr 2006 die Diskussion darüber ein, ob nicht ein wirklich gewagter Schritt nötig sei: die Gründung einer Partei, in der sich die Linksdemokraten, die Margherita sowie weitere Mitte-links-Kräfte vereinen sollten. Schon die Primaries, die Vorwahlen, als im Oktober 2005 Romano Prodi zum Spitzenkandidaten der Allianz gekürt worden war, hatten mit einer Beteiligung von 4,2 Millionen Wählern gezeigt, dass ein geeintes Antreten der politischen Führungsspitzen bei der Wählerbasis auf enthusiastische Zustimmung stieß.

Im Jahr 2007 war es dann so weit. Democratici di Sinistra (DS) und Margherita fusionierten zum neuen Partito Democratico (PD), der als starke, gemäßigt linke Kraft die italienische Parteienlandschaft aufmischen sollte. Neuer Parteichef war Walter Veltroni, Politiker aus den Reihen der DS, wo er in den Jahren 1998 bis 2001 auch als Parteivorsitzender gedient hatte. Er entwarf in einer programmatischen Rede das Bild einer breit aufgestellten progressiven Sammlungspartei nach dem Vorbild der US-Demokraten (und führte seine Kampagne mit dem Slogan »Yes we can«). Veltroni wollte weg von der traditionalistischen »alten und konservativen, ideologischen und abgeschotteten« Linken, so seine Worte – und segelte damit ganz im Wind des damaligen, vom »Dritten Weg« Blairs, Clintons und Schröders geprägten Zeitgeistes.

Doch weder die Partei noch Veltroni selbst legten wirklich dar, wohin die Reise programmatisch gehen sollte. Klar war nur, dass in Zukunft die alten Parteiapparate eine weit geringere Rolle spielen sollten, weil die Wähler (ganz unabhängig von einer Parteimitgliedschaft bei dem PD) in »offenen« Primaries sowohl über die Vorsitzenden des Partito Democratico als auch über die Spitzenkandidaten bei nationalen, regionalen und kommunalen Wahlen entscheiden sollten. Statt einer Apparatpartei, so Veltronis Vision, sollte der PD zu einer »fluiden« Partei werden, in der nicht verkrustete Gremien zählten, sondern die Wähler und die Mandatsträger in den Parlamenten.

Faktisch vollzog sich die Gründung des Partito Democratico jedoch als »kalte Fusion«, als »Zweckehe« zwischen den Apparaten des PD und der Margherita, ohne zur Initialzündung für einen wirklichen Neustart zu werden. Ganz in der Kontinuität des bisherigen Mitte-links-Lagers stand Veltroni auch mit seinem Versuch, Berlusconi »einzubinden«, statt mit ihm in die harte Konfrontation zu gehen. Veltroni umwarb den Gegner direkt nach seiner Wahl zum Parteichef mit dem Vorschlag, gemeinsam eine Wahlrechtsreform zu verabschieden, um die vielen Kleinparteien aus dem Weg zu räumen – mit der Folge, dass einige Splitterparteien des Mitte-links-Lagers Prodi stürzten und so den Weg für jene Neuwahlen 2008 freimachten, die Berlusconi wieder zurück an die Macht brachten.

Auch in diesem Wahlkampf setzte Veltroni die Politik der leisen Töne gegenüber Berlusconi fort, nannte in keiner seiner Reden den Gegenspieler beim Namen, sondern umschrieb ihn bloß höflich als »den wichtigsten Vertreter des gegnerischen Lagers«. Neu war an Veltronis Wahlkampf nur eines. Er verzichtete diesmal auf die Neuauflage einer breiten Mitte-links-Allianz. Stattdessen trat der Partito Democratico fast allein an, verbündet nur mit der kleinen Partei des früheren Anti-Korruptions-Staatsanwalts Antonio Di Pietro. Das Ergebnis war absehbar. Berlusconi gewann die Wahlen haushoch. Veltronis Partito Democratico durfte sich zwar über einen Achtungserfolg von 33 Prozent freuen – der aber war erreicht worden, weil alle anderen Kräfte des Mitte-links-Lagers beginnend bei der auf drei Prozent geschrumpften radikalen Linken vom Partito Democratico förmlich an die Wand gedrückt wurden.

Schnell war die Aufbruchstimmung verflogen, in der Führung ebenso wie an der Partei- und Wählerbasis verflogen. Schnell prägten wieder Auseinandersetzungen zwischen den verschiedenen Parteiflügeln das Bild. Als dann der Partito Democratico auch noch in den Abruzzen und, im Februar 2009, in Sardinien krachend die Regionalwahlen verlor, warf Veltroni nach nur 16 Monaten als Vorsitzender das Handtuch, mit den Worten, er habe nicht vor, sich weiter im Amt »verschleißen« zu lassen.

Der von Veltroni angestrebte Aufbruch zu neuen Ufern, hin zu einer »modernen« Linken, wurde damit zu den Akten gelegt. Bei der Neuwahl des PD-Vorsitzenden im Oktober 2009 – an der sich immerhin noch drei Millionen Wähler beteiligten – setzte sich der in der Kommunistischen Partei großgewordene Pierluigi Bersani, ein Traditionslinker durch, der den PD wieder zur Partei der sozialen Gerechtigkeit machen wollte.

Umsetzen konnte er seine Vorstellungen jedoch auch nicht. Als die Eurokrise Berlusconi 2011 hinwegfegte und an dessen Stelle Mario Monti mit seiner Technikerregierung trat, konnte der PD nicht mehr tun, als erneut »solides Regieren« ohne alle linken Akzente mitzutragen – solides Regieren allerdings, das in Zeiten der harten Krise vor allem auf Kosten der Kernwählergruppen des Partito Democratico ging.

Die Quittung bekam der Partito Democratico bei den Parlamentswahlen 2013, als er von 33 Prozent (2008) auf nur noch 25 Prozent abstürzte und Beppe Grillos Fünf Sterne einen Triumph feiern konnten. Das Debakel bei der Wahl des Staatspräsidenten besorgte dann den Rest. Nachdem mehr als 100 PD-Parlamentarier ausgerechnet dem PD-Übervater Prodi im geheimen Votum die Gefolgschaft verweigert hatten, trat Bersani als PD-Vorsitzender zurück.

Sein Nachfolger hieß Matteo Renzi, der mit dem Versprechen antrat, die Partei mit einem radikalen Kurswechsel aus der Depression zu führen.

Matteo Renzi – Retter des Partito Democratico oder Totengräber?

Als Bersani das Handtuch warf, war Renzi gerade einmal 38 Jahre alt. Doch der Florentiner Politiker hatte in den Vorjahren nicht nur eine Blitzkarriere in seiner Heimatregion hingelegt, sondern schnell auch Ansprüche auf eine nationale Rolle im Partito Democratico angemeldet.

Renzi stammte aus einem christdemokratischen Elternhaus – auch sein Vater hatte als Bürgermeister kommunalpolitisch in einem Städtchen vor den Toren von Florenz gewirkt – und war 1996 dem Partito Popolare Italiano (PPI) beigetreten, der im Mitte-links-Lager aktiven Nachfolgepartei der Christdemokraten. Schon 1999, mit gerade einmal 24 Jahren, wurde er Vorsitzender des PPI in der Provinz Florenz.

Mit dem PPI fand Renzi dann in die neue Mittepartei Margherita. In Florenz und Umgebung dominierten die früheren Kommunisten der Democratici di Sinistra das Mitte-links-Lager. Das hieß: Die DS-Politiker hatten Zugriff auf jene Ämter, die wirklich zählten, wie den Bürgermeisterposten der Stadt Florenz oder auch die Präsidentschaft der Region Toskana. Für Margherita – sprich die früheren Christdemokraten – gab es als Trostpreis zum Beispiel nur das Amt der Provinz Florenz.

Diesen Job ergatterte Renzi im Jahr 2004, mit 29 Jahren. Von dort aus hätte er sich hochdienen können, als Regionalabgeordneter etwa und später als nationaler Abgeordneter, immer auf dem Ticket der Minderheit der früheren Christdemokraten im 2007 gegründeten PD. Doch Renzi mochte die alten Gepflogenheiten nicht hinnehmen, wonach in der traditionell »roten« Toskana die wichtigen Posten an die früheren Kommunisten gingen, während die Ex-Christdemokraten sich mit einem Platz in der zweiten Reihe begnügen sollten.

Und schon 2009 sah er seine Chance gekommen. Die Neuwahl des Bürgermeisters von Florenz stand an, der PD-Kandidat sollte per Primaries ermittelt werden – und Renzi warf seinen Hut in den Ring. Seine Kampagne führte er mit dem Versprechen, unter ihm werde alles anders, unter ihm sei Schluss mit den alten politischen Liturgien. So kündigte er zum Beispiel an, als Bürgermeister werde er sämtliche städtischen Amtsleiter, die länger als fünf Jahre in ihrer Funktion tätig waren, von ihrer bisherigen Rolle entbinden. Die Botschaft zog: Gegen vier Mitbewerber setzte Renzi sich in der Vorwahl mit 40 Prozent der Stimmen durch und wurde dann im Juni 2009 zum Bürgermeister von Florenz gewählt.

Doch auch dieser Posten füllte ihn nicht wirklich aus. Binnen Kurzem machte er klar, dass er nationale Ambitionen hatte. Schon 2010 organisierte er in Florenz ein großes Event, die »Leopolda«, so benannt nach dem Veranstaltungsort, einem alten Bahnhof. Gäste aus dem ganzen Land waren eingeladen, um über Italiens Zukunft zu diskutieren. Den Ton hatte Renzi schon im Vorfeld vorgegeben. Der eloquente und nie um einen lockeren Spruch verlegene Jungpolitiker ließ wissen, er wolle die ganze alte Politikergarde des Partito Democratico »verschrotten«, die Partei brauche neue Gesichter und neue Ideen. Und später legte er nach, jene Verschrottung solle »ohne Abwrackprämie« erfolgen.

Solche Töne und Angriffe auf das alte Partei-Establishment legen Parallelen zu Beppe Grillo und dessen Fünf Sternen nahe. In der Tat agierte Renzi gleichsam als *Grillo light*. Als respektloser Herausforderer der »Altpolitiker«, stellte er das Leopolda-Event im folgenden Jahr unter das Motto »Big Bang«. Und im Vorfeld der Parlamentswahlen 2013 forderte er Primaries für den Spitzenkandidaten des Mitte-links-Lagers, bei denen er selbst antreten wollte, um gegen den PD-Vorsitzenden Bersani zu gewinnen. Der setzte sich zwar mit 60 Prozent klar gegen den jungen Herausforderer durch, doch Renzi war endgültig zur nationalen Größe geworden: eine Art Volkstribun, der, ganz ähnlich wie Grillo, die Beschränkung der Parlamentarier-Mandate auf maximal drei Legislaturperioden forderte und – auch hier einig mit den Fünf Sternen – die staatliche Parteienfinanzierung abschaffen wollte. Gegen die Übermacht der Parteien richtete sich auch Renzis Forderung »Parteien raus aus der RAI«: Das staatliche Fernsehen sollte nicht mehr dem direkten Zugriff der Politik unterliegen, sondern »nach dem Modell der BBC« zu einer unabhängigen öffentlichen Anstalt umgebaut werden.

Renzis Stunde schlug kurze Zeit später: mit der Schlappe des Partito Democratico bei den Parlamentswahlen vom Februar 2013, mit dem Desaster der Partei bei den Wahlen zum Staatspräsidenten und dem darauffolgenden Rücktritt Bersanis. Bei der im Dezember 2013 abgehaltenen offenen Urwahl des Parteivorsitzenden, bei der 2,8 Millionen Bürger votieren, triumphiert Renzi mit 67 Prozent der Stimmen.

Italiens Ministerpräsident war seinerzeit Renzis Parteifreund Enrico Letta, der sich auf eine Koalition des Partito Democratico mit Teilen des Berlusconi-Lagers stützte. Doch binnen zwei Monaten ließ Renzi den PD-Parteivorstand ein Misstrauensvotum gegen Letta verabschieden – und wurde schon im Februar 2014 dessen Nachfolger als Regierungschef.

In der Partei war er dank seines Siegs bei den Urwahlen, dank der überwältigenden Mehrheit, die er damit auch in den Gremien von der »Nationalversammlung« des Partito Democratico zum Vorstand gewonnen hatte, unangefochten, und die Doppelrolle auch als Regierungschef verlieh ihm eine Machtfülle, wie sie kein Anführer des Mitte-links-Lagers seit 1994 gehabt hatte.

Schon im Mai 2014 allerdings stand der erste wichtige Test für Renzi an: die Europawahlen. Er zog los mit dem Nimbus des Erneuerers, der gegen das Establishment angetreten war. Doch nicht nur das: Kurz vor den Wahlen verabschiedete seine Regierung auch eine kräftige Entlastung für alle Arbeitnehmer mit niedrigen und mittleren Einkommen. Sie sollten in Zukunft 80 Euro weniger Einkommensteuer pro Monat, sprich 1.000 Euro weniger pro Jahr zahlen. Immerhin zehn Millionen Arbeitnehmer profitierten von dieser Regelung.

Das Steuergeschenk zahlte sich aus. Bei den Europa-Wahlen schnellte der PD auf 40,8 Prozent hoch (nach nur 25 Prozent bei den nationalen Wahlen im Jahr 2013), während die Fünf Sterne auf 21 Prozent schrumpften. Viele Leitartikler fragten sich damals, ob Beppe Grillo schon wieder entzaubert sei – sie sollten sich täuschen. Viele orakelten, womöglich breche nach der 20-jährigen »Ära Berlusconi« nun ein neues Zeitalter an: die »Ära Renzi«. Zeit dafür würde er haben: Er war der jüngste Regierungschef Italiens seit der nationalen Einigung im Jahr 1860.

Im Konflikt gegen die Altvorderen seiner Partei hatte er sich durchgesetzt, war binnen Kurzem ganz oben angekommen. Renzi hätte jetzt auf einen neuen, versöhnlicheren Modus setzen können, doch er dachte gar nicht daran. Auf neuen Wegen, so seine Vision, sollte der Partito Democratico Italien umkrempeln, sollte er »altlinke« Ideen in die Besenkammer verbannen und stattdessen einem Dritte-Weg-Kurs auf den Spuren Tony Blairs und Bill Clintons folgen.

Schließlich, so Renzi, hatte er ein klares Mandat, erst vom Parteivolk, dann vom ganzen italienischen Wahlvolk. Umgehend schob er eine Arbeitsmarktreform an, die den Kündigungsschutz aufweichen sollte – und ging dafür auch den offenen Konflikt mit dem größten Gewerkschaftsbund des Landes ein, der linken CGIL, die traditionell immer erst der Kommunistischen Partei, dann den Linksdemokraten und schließlich dem PD verbunden war – eine Verbindung, auf die Renzi nichts gab.

Stattdessen spottete er über die CGIL genauso wie über seine Gegner vom linken Minderheitsflügel des PD, sie kämen ihm vor wie »der Rentner auf der Baustelle, der schon vorher weiß, dass die Straßenarbeiten nie fertig werden«. Renzi dagegen zog seine Arbeitsmarktreform durch, ebenso wie eine Schulreform, die den

Schulleitern mehr Vollmachten gegenüber den Kollegien zuwiesen. Damit wiederum wurden Hunderttausende Lehrer im Land verprellt – immerhin bis zu jener Reform ein Kernwählerklientel des Partito Democratico.

Renzi hielt auch das Versprechen, den staatlichen TV-Sender *RAI* zu reformieren – allerdings völlig anders als angekündigt. Statt den politischen Zugriff auf die Anstalt zu lockern, festigte er ihn. Die von seiner Regierung im Jahr 2015 durchgesetzte Reform sah vor, dass der Senderchef direkt von der Regierung ausgewählt wird. Von eben dieser Reform sollte dann auch Giorgia Meloni nach ihrem Wahlsieg im Jahr 2022 profitieren, als sie die *RAI* zum Propagandasender ihrer rechten Koalition ummodelte.

Renzi aber machte trotz der Widerstände auch aus der eigenen traditionellen Wählerschaft weiter, als sei nichts gewesen und trieb das ihm wichtigste Projekt voran: die Verfassungsreform. Ihr Kern war der Abschied vom »perfekten Zweikammer-System«, sprich von der völligen Gleichberechtigung zwischen Abgeordnetenhaus und Senat in der Gesetzgebung, ebenso wie beim Vertrauensvotum für die Regierung. Stattdessen sollte der Senat zu einer nachgeordneten Kammer der Regionen und die Provinzen als Gebietskörperschaften abgeschafft werden.

Besonders skandalös war das nicht. Zugleich aber – und dies ließ durchaus die Gefahr einer autoritären Wende erblicken – verabschiedete Renzis Parlamentsmehrheit ein Wahlgesetz für das Abgeordnetenhaus, das ja in Zukunft allein entscheidenden sollte, und das der siegreichen Partei automatisch 55 Prozent der Sitze einräumen würde, auch wenn sie in den Wahlen nur 28 Prozent der Stimmen erreicht hatte.

Als die Verfassungs- und die Wahlrechtsreform schließlich im Jahr 2016 endgültig vom Parlament gebilligt wurden, war Renzis Honeymoon mit dem Land jedoch schon lange vorbei. Doch das focht ihn nicht an. Er machte weiter, als wären gerade erst die Europawahlen von 2014 gewesen – und steuerte in die Katastrophe des Referendums. In Italien können Verfassungsänderungen entweder mit Zwei-Drittel-Mehrheit verabschiedet werden – dann sind sie unmittelbar gültig – oder mit absoluter Mehrheit im Parlament – dann aber steht ein Volksentscheid an.

Das Referendum war für Dezember 2016 anberaumt. Renzi machte den entscheidenden Fehler, es zum Plebiszit auch über seine Person zu erklären: Wenn er verliere, werde er sich aus der Politik zurückziehen, verkündete er im Vorfeld theatralisch. Viele Wähler empfanden das als Steilvorlage. Umfragen zeigten seinerzeit, dass die Mehrheit eigentlich in der Sache gar nicht gegen seine Reform war, wohl aber gegen ihn. 59 Prozent der Wähler sprachen sich in der Urne gegen die Verfassungsreform aus.

Renzi allerdings hielt sein Versprechen nur zur Hälfte. Als Ministerpräsident trat er zurück, nicht aber als PD-Chef. Und in diesem Amt verbreitete er in der Folge die Dolchstoßlegende, das Referendum sei nur gescheitert, weil der linke Minderheitsflügel gegen ihn gearbeitet habe. Grund genug für ihn, auch weiterhin nicht auf die innere Befriedung des Partito Democratico zu setzen, sondern auf die Polarisierung zwischen seinem »Neuerer«-Lager einerseits und den »Altlinken« andererseits.

Derweil hatte in Rom Paolo Gentiloni die Regierung übernommen, auch er PD-Politiker, aber, anders als Renzi, ein Mann der leisen Töne, der sich aus den Parteiquerelen völlig heraushielt. Das machte ihn im Wahlvolk populär, trug der Partei jedoch keine besseren Zustimmungswerte ein. Die Quittung bekam der Partito Democratico in den Parlamentswahlen von 2018, als er auf das katastrophale Resultat von 18,7 Prozent abstürzte. Wahlanalysen zeigten seinerzeit, dass die Partei nur noch von Rentnern sowie von Angehörigen der gehobenen, gebildeten Mittelschicht gewählt wurde, während Arbeitslose und Arbeitnehmer Renzis Dritte-Weg-Kurs mit der Abkehr von der Partei beantwortet hatten: Nurmehr gut zehn Prozent aus den beiden Gruppen machten jetzt noch ihr Kreuz beim PD.

Statt einer Ära hatte Italien also nur eine Episode Renzi erlebt. Er, der sich zum Retter und Reformer der Partei stilisiert hatte und 2014 den Wählern durchaus als Heilsbringer für die Nation erschienen war, hatte sein großes politisches Kapital binnen drei Jahren völlig verbraucht – kein neuer Fixstern an Italiens politischem Firmament, sondern ein schnell verglühter Komet. Im Jahr 2014 hatte er selbst verkündet, er wolle für höchstens zwei Amtszeiten als Regierungschef wirken, »spätestens im Jahr 2023« sei dann Schluss für ihn. Der Schlusspfiff für Renzi als Retter der Nation ertönte jedoch deutlich früher – und nach 2014 suchten die Italiener ihre Heilsbringer nicht mehr links der politischen Mitte.

Kapitel 9: Die Häutungen der italienischen Rechten

Als »Nicht-Sieg« hatte der PD-Vorsitzende Pierluigi Bersani das Resultat des Mitte-links-Lagers bei den Wahlen 2013 bezeichnet. Als »Nicht-Sieger« mussten sich aber auch die Parteien der italienischen Rechten fühlen. Ihre Allianz war auf 29,2 Prozent abgesackt, Berlusconis Popolo della Libertà musste sich mit 21,6 Prozent begnügen, die Lega Nord war gar auf nur noch vier Prozent gekommen, und die Postfaschisten, die, anders als 2008, wieder in ihrer neuformierten Partei Fratelli d'Italia separat angetretenen waren, kamen auf gerade einmal zwei Prozent.

Genauso wie auf der Linken sollte das politische Erdbeben von 2013 auf der Rechten einschneidende Veränderungen mit sich bringen. Dies zog eine Verschiebung der Kräfteverhältnisse im Rechtsblock ebenso nach sich wie den Aufstieg der neuen Protagonisten Matteo Salvini und Giorgia Meloni. Ihrem Aufstieg stand Berlusconis Abstieg gegenüber – nicht aber sein Ausscheiden aus der Politik, obwohl er 2013 als erledigt gilt.

Totgesagte leben länger: Berlusconi und seine Forza Italia

2013 sollte nicht nur wegen der herben Wahlniederlage zum Schicksalsjahr für Berlusconi werden. Weiterhin machten ihm die gegen ihn anhängigen Prozesse zu schaffen, ob wegen Steuerbetrugs oder wegen Verkehrs mit einer minderjährigen Prostituierten. Anders als in seinen Regierungsjahren konnte er nicht mehr auf Gesetzesänderungen als Verteidigungsinstrument zurückgreifen. Dies jedoch hinderte ihn nicht daran, seine Rolle als Politiker weiterhin auszuspielen: Seine Medien stellten ihn, wütender denn je, als »politisch Verfolgten« dar, und im März 2013, nur wenige Wochen nach der Parlamentswahl, drangen 130

Parlamentarier des Popolo della Libertà in den Justizpalast von Mailand ein, zu einem Protest-Sit-in gegen den vorgeblichen »demokratischen Notstand«.

Doch auch solche Aktionen konnten den Lauf der Justiz nicht aufhalten, und im August trat ein, was Berlusconis seit nunmehr fast 20 Jahren – und bis dato erfolgreich – zu verhindern gesucht hatte: Er wurde in letzter Instanz rechtskräftig verurteilt, wegen eines Steuerbetrugs in Millionenhöhe, der ihm vier Jahre Haft eintrug.

Von Anfang an war zwar klar, dass der Milliardär und Gründer der Forza Italia nicht hinter Gittern landen würde, denn drei der vier Jahre Haft galten aufgrund eines vom Parlament im Jahr 2006 beschlossenen Straferlasses (das auch Berlusconis vorher begangenes Delikt einschloss) als schon verbüßt. Und für das letzte Jahr stellte sich nur die Frage, ob Berlusconi es im Hausarrest oder mit Sozialstunden abbüßen musste (Es kam dann zu der zweiten, für den Verurteilten mehr als komfortablen Lösung).

Doch schwerer wog, dass aufgrund eines erst im Dezember 2012 auch von Berlusconis Partei mitbeschlossenen Gesetzes eine Verurteilung zu mehr als zwei Jahren Haft für Parlamentarier den automatischen Verlust des Mandats und die Nichtwählbarkeit auf sechs Jahre zur Folge hatte. Jener Mandatsverlust wurde vom Senat im November 2013 ratifiziert – und Berlusconi verlor seinen Sitz, ohne die Chance, auf absehbare Zeit erneut kandidieren zu können.

Für jeden normalen Sterblichen hätte dies das endgültige Aus bedeutet; schließlich war er eigentlich dank seiner Skandale moralisch, dank seiner Verurteilung juristisch, dank seiner Verbannung aus dem Parlament politisch erledigt. Berlusconi aber stand keineswegs vor dem Aus – und machte in der Politik einfach weiter, als sei nichts, aber auch gar nichts gewesen. Er blieb völlig unangefochten Chef seiner Partei, die er, ohne Widerspruch, wie seine Unternehmen als persönliches Privateigentum betrachtete. Wichtiger aber noch war für ihn, dass er weiterhin gefragter Gesprächspartner nicht nur im rechten Lager blieb, sondern auch bei führenden Vertretern der Mitte-links-Allianz, denen er als unverzichtbar galt.

Schließlich befand sich Italiens Parlament seit den Wahlen 2013 in einer politischen Pattsituation. Und da zwischen dem Partito Democratico und den Fünf Sternen nichts ging, da auch der Staatspräsident Giorgio Napolitano geradezu verbissen die Lösung allein in einem Zusammengehen zwischen dem PD und Forza Italia sah, saß letztere in der nach den Wahlen gebildeten Regierung unter Enrico Letta mit am Kabinettstisch.

Zwar vollzog Berlusconi im November 2013 – als auch der PD für seinen Ausschluss aus dem Senat stimmte – den Bruch mit den Zweckpartnern. Doch eine ganze Schar seiner Abgeordneten und Senatoren ebenso wie die fünf FI-Minister wurden ihm abtrünnig, spalteten sich kurzerhand von Forza Italia ab und gründeten eine neue Mitte-rechts-Partei, die dem Ministerpräsidenten Letta weiterhin das Überleben sicherte.

Bei der Regierung Letta war Berlusconi raus. Doch für den im Dezember 2013 zum neuen PD-Parteichef gewählten Matteo Renzi wurde er, trotz seines gerade erst erfolgten Ausschlusses aus dem Senat, sehr schnell zu einem wichtigen politischen Dialogpartner. Renzi und Berlusconi kannten einander schon seit Jahren, und sie machten aus ihrer gegenseitigen Sympathie keinen Hehl. Im Dezember 2010 war Renzi, damals Bürgermeister von Florenz, extra auf einen Besuch zum seinerzeitigen Ministerpräsidenten Berlusconi gefahren, in dessen private Villa vor den Toren Mailands. »Er gefiel mir sofort, ich hatte den klaren Eindruck, dass er kein Kommunist ist«, lobte Berlusconi später. Renzi erinnerte sich an »ein immer sehr menschliches und herzliches Verhältnis«. Spätestens seit jenem Treffen wurde, von beiden Protagonisten unwidersprochen, in Italiens Medien immer wieder erzählt, Berlusconi habe Renzi abwerben und ihn in seiner Forza Italia zum Nachfolger aufbauen wollen; der heiß Begehrte selbst zitiert ihn mit den Worten »die Tore der Forza Italia stehen für Renzi immer offen«.

Er widerstand diesem Werben – fand es aber ganz selbstverständlich, als PD-Vorsitzender, und seit Februar 2014, auch als Ministerpräsident mit Berlusconi enge politische Bande zu knüpfen. Dessen frisch verhängte Vorstrafen waren ihm egal. Noch im Februar 2014 jedenfalls empfing der aufsteigende Stern an Italiens politischem Himmel den eigentlich Gescheiterten, mit der Rechtfertigung, nur im Dialog mit Forza Italia ließen sich die angestrebten Reformen der Verfassung und des Wahlrechts realisieren. Nach dem Gespräch verkündete Renzi, zwischen den beiden habe »tiefe Übereinstimmung« geherrscht.

Wie immer, wenn er sich in der Opposition befand, griff Berlusconi auch diesmal die Gesprächsangebote von links auf: Wie in den Jahren 1996 bis 1998, als es um die Verfassungsreform ging, und 2007, als die Wahlrechtsreform Thema war. Das ganze Land bekam so Berlusconis politische Unverzichtbarkeit ausgerechnet von der Linken bestätigt, selbst dann noch, als er eigentlich per Verurteilung aus der Politik verbannt war. Das ganze Land durfte aber erleben, wie der Anführer der Rechten am Ende alle Chefs der Linken, die ihn hofiert hatten, im Regen stehen ließ.

So erging es auch Renzi nach einem Jahr »Verfassungsdialog«. Die Reformen schritten in den Parlamentsausschüssen voran, doch Berlusconi hatte noch andere Fragen auf der Agenda. Als im Februar 2015, nach Napolitanos Rücktritt, die Neuwahl des Staatspräsidenten anstand, interessierte ihn vor allem, welcher der Kandidaten wohl am ehesten geneigt sein könne, ihm eine schnelle Amnestie und damit auch die Rückkehr ins Parlament zu bescheren. Als Renzi jedoch auf dem von ihm favorisierten Sergio Mattarella beharrte, zog Berlusconi beim Verfassungsdialog kurzerhand den Stecker.

Für Renzi hieß dies: Er konnte im Parlament nur auf die schmale Mehrheit seiner Regierungskoalition zählen, um die Verfassungsreform zu verabschieden, denn im Referendum, das er im Dezember 2016 krachend verlieren sollte, hatte er neben den Fünf Sternen auch alle Rechtsparteien gegen sich. »Er hat meine

Karriere zunichtegemacht, weil er mich faktisch ins Referendum geschickt hat«, sollte Renzi später bilanzieren.

Berlusconis politische Karriere dagegen ging einfach weiter. Im Jahr 2014 jedenfalls präsentierte sich Forza Italia bei den Europawahlen – bei denen Berlusconi gar nicht antreten durfte, da er mit seiner Verurteilung auch die bürgerlichen Ehrenrechte eingebüßt hatte. Auf dem Parteisymbol, unter »Forza Italia«, prangte in großen Lettern »Berlusconi«. Die von ihm erhoffte Amnestie hatte er nicht erhalten und sollte sie auch nie erhalten, doch er zählte auf die Amnesie der Wähler, der Medien und der politischen Klasse.

Obwohl in jenen Jahren diverse neue Prozesse gegen den nunmehr Vorbestraften Berlusconi eröffnet wurden, tat Italiens Öffentlichkeit einfach weiter so, als sei der ein ganz gewöhnlicher politischer Player. Diese Form der Amnesie befiel offenbar auch Gesprächspartner aus dem Ausland. Als Berlusconi im März 2017 zum Kongress der Europäischen Volkspartei nach Malta fuhr, durfte er sich jedenfalls über ein Vier-Augen-Gespräch mit der damaligen Kanzlerin und CDU-Vorsitzenden Angela Merkel freuen.

Nur bei den Wahlergebnissen wollte sich der alte Glanz nicht mehr einstellen. Jene Europawahlen von 2014, geprägt vom Erdrutschsieg des Partito Democratico unter Renzi, bescherten Forza Italia magere 16,8 Prozent, doch immerhin konnte Berlusconi sich damit trösten, dass rechts der Mitte seine Vorherrschaft unangefochten war, denn die Lega Nord musste sich mit sechs Prozent begnügen, während die postfaschistischen Fratelli d'Italia nur 3,7 Prozent erzielten und damit angesichts der in Italien geltenden Vier-Prozent-Hürde den Einzug ins Europäische Parlament verpassten. Zwar war Berlusconi immer noch da, doch als Retter des Vaterlands kam er nach seinem Scheitern an der Regierung nicht mehr glaubwürdig rüber, auch wenn Erlöserfiguren in Italien weiterhin gefragt waren angesichts der Tatsache, dass nach dem tiefen wirtschaftlichen und sozialen Einbruch der Jahre 2008 bis2013 weiterhin keine Wende zum Besseren erkennbar war, das Wachstum stagnierte und die Arbeitslosigkeit auf hohem Niveau verharrte. Als Heilsbringer traten bei den Europa-Wahlen 2014 jetzt andere hervor: Renzi mit 41 Prozent und Grillo mit 21 Prozent.

In den beiden anderen Rechtsparteien hatte es Führungswechsel gegeben, hin zu Matteo Salvini bei der Lega, hin zu Giorgia Meloni bei den Fratelli d'Italia. Mit diesen beiden traten Protagonisten auf die Bühne, die Italiens Politik bis heute prägen – Protagonisten, die ihrerseits in die Rolle von Rettern des Vaterlands hineinwuchsen – jedoch nicht mehr mit jenem vor allem von Verheißungen geprägten Sound, wie ihn Berlusconi gepflegt hatte, sondern mit einem auf Missmut und Wut der Bürger gerichteten Schlechtwetter-Populismus, der mit Feindbildern statt Verlockungen operierte.

Die Lega unter Matteo Salvini – weg vom Sezessionismus, hin zum Ultranationalismus

Eigentlich hätten für Umberto Bossis Lega Nord mit der Eurokrise und dem seit November 2011 amtierenden Technokratenkabinett unter Mario Monti gute Zeiten anbrechen müssen. Wann, wenn nicht in einer Phase des ökonomischen Einbruchs und der tiefen Einschnitte, die die Bürger trafen, könnten die Bedingungen für eine stramm populistische Partei günstiger sein, um Unmut gegen das »diebische Rom« zu mobilisieren?

Jene Lega Nord durfte sich als mittlerweile in den Nordregionen des Piemont, der Lombardei, des Veneto oder Friaul-Julisch Venetiens fest verankert fühlen. Sie stellte nicht nur die Präsidenten der Regionen Piemont, Veneto und, seit 2013, auch der Lombardei, sie zählte auch Hunderte Bürgermeister in ihren Reihen.

Und Umberto Bossi, der charismatische Anführer, hatte über die Jahre daran gearbeitet, auch so etwas wie einen echten, rein norditalienischen Volksgeist zu verankern, der von der Ablehnung des verachteten Nationalstaats lebte. Jedes Jahr gab es eine Großkundgebung im Städtchen Pontida, um den Pakt der Nordvölker »Padaniens« (des Landes der Po-Ebene) zu beschwören; dort trafen sich dann Tausende Aktivisten in Grünhemden (Grün war die Farbe der Lega Nord), viele von ihnen auch gerne als Kelten verkleidet. Bossi füllte sich an der Quelle des Po im Piemont Jahr für Jahr ein Fläschchen Quellwasser ab, das er später in Venedig dem Meer übergeben sollte.

Im Jahr 1997 hatte die Lega gar die Wahl eines »padanischen Parlaments« abgehalten. Dies blieb zwar ein einmaliger Akt, nicht aber die regelmäßige Wahl der »Miss Padania«. Informieren konnte die Anhängerschaft sich regelmäßig aus der Tageszeitung *La Padania* oder auch bei *Radio Padania* – wo ein junger Lega-Aktivist namens Matteo Salvini, seit 1999 Direktor des Senders, oft selbst moderierte und immer wieder Stimmung gegen den Nationalstaat machte, zum Beispiel, als er während der Fußball-WM 2006 erklärte, er sei natürlich Fan der deutschen, nicht der italienischen Mannschaft.

Und auch wenn Bossis Truppe lange in Rom in den Berlusconi-Regierungen gesessen hatte – ihren »padanischen Geist« konnte sie sich durchaus bewahren. Im November 2011 wäre eigentlich der Zeitpunkt gekommen, wieder gegen das »diebische Rom« zu Felde zu ziehen. Denn anders als Berlusconis Popolo della Libertà hatte die Lega Nord der Regierung Monti die Unterstützung verweigert, saß auf den Oppositionsbänken, bestens in der Lage, gegen die harten Sparmaßnahmen zu kämpfen.

Doch daraus wurde nichts – aus dem einfachen Grund, dass die Lega sich plötzlich selbst vorrechnen lassen musste, im diebischen Rom allzu heimisch geworden zu sein. Im April 2012 traf ein Skandal rund um die Veruntreuung von Millionensummen aus der staatlichen Parteienfinanzierung zunächst den Schatzmeister der Lega Nord, dann auch Bossi samt seiner Familie. Der Schatzmeister hatte nach Erkenntnis der Staatsanwälte Unsummen in illegale Diamantengeschäfte in Afrika gesteckt, doch ganz nebenher hatte er der Familie Bossi so manche Annehmlichkeit finanziert, von der Renovierung des Hauses und der Anweisung von Zehntausenden Euro an eine von Bossis Ehefrau betrieben Privatschule über den Autokauf und die Bezahlung von Geldbußen für den älteren Bossi-Sohn bis hin zum Kauf eines Hochschuldiploms in Albanien für den jüngeren Filius. Millionen Euro waren so in illegalen Kanälen versickert; später sollte sich die Partei mit der Staatsanwaltschaft auf die allerdings über mehrere Jahrzehnte gestreckte Rückzahlung von 49 Millionen Euro an die Staatskasse einigen.

Ausgerechnet Bossi, der seine politische Karriere seit nunmehr fast 30 Jahren damit bestritten hatte, sich als Mann des eisernen Besens zu gerieren, als jener, der im Namen der arbeitsamen Menschen des Nordens den Kehraus im diebischen Rom besorgen würde, gegen korrupte Politiker, die bloß die Interessen des parasitären Südens verteidigten, sah sich nun der Anschuldigung ausgesetzt, er selbst habe sich einigermaßen parasitär zum Wohl seiner Familie an Staatsmitteln schadlos gehalten.

Bossis Karriere war damit beendet; unmittelbar nach Bekanntwerden der Vorwürfe reichte er den Rücktritt als Lega-Chef ein. Doch auch um die Lega Nord schien es mit dem Rückzug ihres Gründers äußerst schlecht bestellt zu sein. Bei den Parlamentswahlen 2013 jedenfalls stürzte sie von 8,3 Prozent (2008) auf nur noch vier Prozent ab. Von den Nöten, vom Unmut der Italiener mitten in der schweren Wirtschaftskrise hatten allein die Fünf Sterne profitiert, während sich die Nordpartei in einer veritablen Existenzkrise befand.

Im Dezember 2013 schließlich kürten die Lega-Mitglieder nach einer Interimsperiode in einer Urwahl den neuen Parteichef: Matteo Salvini. Der Mailänder war damals erst 40 Jahre alt, doch er durfte als echter Parteiveteran gelten. Schon mit 17 Jahren war der damalige Gymnasiast der Lega beigetreten, mit 20 war er für die Nordsezessionisten in den Stadtrat von Mailand eingezogen und hatte es 2006 ins Europaparlament gebracht. An der Uni war er zwar im Fach Geschichte eingeschrieben, doch einen Abschluss sollte er, ganz wie sein Idol Bossi, nie ablegen.

Denn Salvini hatte wichtigeres zu tun, nämlich die Bürger gegen den Staat Italien aufzubringen. Zum Beispiel im Jahr 1999. Als der damalige Staatspräsident Carlo Azeglio Ciampi das Mailänder Rathaus besuchte, verweigerte ihm Salvini den Handschlag, mit den Worten: »Sie repräsentieren mich nicht.« In einer anderen Sitzung im gleichen Jahr dirigierte er Sprechchöre seiner Fraktion gegen den Präfekten, den Vertreter des Zentralstaats vor Ort: »Prefetto italiano, via da Milano!« (»Italienischer Präfekt, raus aus Mailand«!). Und im Jahr 2010 wusste er über die Bewohner der Südmetropole Neapel nur mitzuteilen, »wir haben nichts miteinander gemein, wir sind Lichtjahre voneinander entfernt«.

Lieber kümmerte sich Salvini um die Mailänder, setzte sich zum Beispiel dafür ein, dass Dokumente der Stadt Mailand »zweisprachig« ausgestellt wurden – auf Italienisch und im Mailänder Dialekt. Und auch nach seiner Wahl zum neuen Lega-Chef machte er erst einmal als Nordseparatist weiter, forderte die »Unabhängigkeit Padaniens«, verlangte noch im Jahr 2014 ein Referendum über die Unabhängigkeit der Lombardei vom verhassten Italien.

Zugleich aber hatte er begriffen, dass andere Themen den Bürgern mittlerweile stärker auf den Nägeln brannten als die Abnabelung von Rom. Nöte bereitete vor allem die Eurokrise, und die Lega antwortete im November 2013 mit einem »No Euro Day«, auf dem Salvini erklärte: »Der Euro ist ein Verbrechen gegen die Menschlichkeit. Er hat ein Blutbad angerichtet, schlimmer als die Nazi-Panzer«.

Damit war ein neuer Sound gefunden, der allerdings zum Teil auch an der Lega liebgewordene alte Themen anknüpfte, vorneweg die Immigration. Offen rassistische Töne waren auf diesem Feld in der Partei gang und gäbe. So hatte einer ihrer führenden Politiker, der Senator Roberto Calderoli, im Jahr 2013 der damaligen Integrationsministerin, der Schwarzen Cecile Kyenge, bescheinigt, ihre Gesichtszüge glichen »einem Orang-Utan«.

Und im Jahr 2014, schon unter Salvinis Führung, brachte die Lega zu einer Demonstration gegen »klandestine Immigranten« in Mailand 40.000 Menschen auf die Straße, marschierte dabei Seite an Seite mit der offen neofaschistischen Organisation CasaPound.

Europa und der Euro einerseits, die »Invasion« der Immigranten andererseits wurden nun zu den zwei vorgeblichen Hauptbedrohungen, gegen die Salvinis Lega zu Feld zog. Der Slogan »Basta Euro« schaffte es zur Europawahl 2014 ins Parteisymbol, aus dem wiederum das Wort »Padania« gestrichen wurde. Und mit wem er die Allianz im Europaparlament zu suchen hatte, ließ Salvini auch gleich wissen: mit Marine Le Pen, mit der österreichischen FPÖ, mit dem belgischen Vlaams Belang. Mit anderen Worten: Die Lega war im Herzen des harten europäischen Rechtspopulismus angekommen.

Ganz nebenher aber hatte sie auch eine 180-Grad-Wende hingelegt, hatte sie den alten Markenkern – Vertretung der Nordinteressen gegen Rom, gegen Italien – einfach zu den Akten gelegt. Es war ein durchaus riskantes Manöver, schließlich hatte die Partei über 30 Jahre hinweg von diesem Thema gelebt, und alles bisher Gepredigte galt mit einem Schlag nicht mehr. Im Dezember 2014 gründete der Parteichef die Liste »Noi con Salvini« (»Wir mit Salvini«), mit dem Ziel, unter diesem Logo künftig auch in Italiens Südregionen zu kandidieren – Südregionen, für die er bis dato nur Schmähungen übriggehabt hatte.

Doch Salvini hatte begriffen: Der alte inneritalienische Gegensatz zwischen Norden und Süden war nunmehr von einem europäischen Nord-Süd-Gegensatz überlagert, und die Polemik gegen Brüssel, gegen Berlin und Paris konnte in Neapel oder Palermo genauso gut zünden wie in Turin oder Mailand.

Der Erfolg sollte ihm recht geben. Bei den Regionalwahlen des Jahres 2015 konnte die Lega jenseits ihrer Kerngebiete Erfolge verzeichnen, konnte sie in der Toskana einen Anstieg auf 16 Prozent (von vorher sechs Prozent) verbuchen, während es in Umbrien von vier Prozent auf 14 Prozent, in den Marken von sechs Prozent auf 13 Prozent hochging.

Durch diese Erfolge bestätigt, verkündete der frühere Anti-Italiener Salvini in der Folge »Prima gli italiani!« (»Italiener zuerst!«), forderte er die konsequente Abschottung des Landes gegen Immigranten und den Ausstieg aus dem Euro: Das Motto »Basta Euro« prangte mittlerweile auch in meterhohen Lettern auf der Mauer vor der Lega-Parteizentrale in Mailand. In der Kommunalpolitik fielen Lega-Politiker dadurch auf, dass sie Immigrierte zum Beispiel bei der Vergabe von Sozialwohnungen zu benachteiligen suchten, und Salvini selbst predigte den Einsatz von Bulldozern gegen Roma-Lager. Als abgeschlossen durfte Salvinis radikale Wende, weg vom Separatismus, hin zum Ultranationalismus, dann im Jahr 2017 gelten, als Salvini die neue Partei »Lega per Salvini Premier« (Lega für Premierminister Salvini«) registrieren lässt. »Nord« ist sang- und klanglos aus dem Parteinamen verschwunden, in den wiederum der Anführer höchstpersönlich Einzug gehalten hat. Unter eben jenem Namen sollte die Lega dann bei den Parlamentswahlen 2018 antreten.

Die Postfaschisten von Fini zu Meloni

Krisen, Verwerfungen, Umbrüche trafen nicht nur Berlusconis Forza Italia, nicht nur Bossis Lega Nord, sondern auch die postfaschistische Alleanza Nazionale. Ganz wie die beiden anderen Parteien hatte sie seit 1994 über Jahre hinweg die Präsenz eines in der Organisation fast monarchisch herrschenden Anführers gesehen: Gianfranco Fini.

Fini durfte für sich beanspruchen, jene neofaschistische Partei, den Movimento Sociale Italiano , der in den frühen 1990er-Jahren vor dem Exitus zu stehen schien, mit der Wende zum Postfaschismus wiederbelebt zu haben. Ja mehr noch: Fini war es gelungen, das früher völlig am Rand stehende Schmuddelkind ins

Zentrum des politischen Geschehens geführt zu haben, als eine der tragenden Säulen der Rechtsallianz unter Berlusconi.

Dafür allerdings hatte der im Jahr 1994 erst 42-jährige Parteivorsitzende seinen alten Kameraden einiges zugemutet. Er, der selbst noch 1992 den Jahrestag des Marschs auf Rom, sprich die faschistische Machtergreifung im Jahr 1922 gefeiert hatte, der Mussolini als »größten Staatsmann des Jahrhunderts« glorifiziert hatte, entsorgte die gute alte Tradition gleichsam mit einem Federstrich.

Auf einem Kongress im Jahr 1995 hob er die neue Partei Alleanza Nazionale (AN), die an die Stelle des Movimento Sociale Italiano trat, aus der Wiege – und im Gründungsdokument heißt es: »Es ist richtig, von der italienischen Rechten zu verlangen, dass sie ohne Zögern bekennt, dass der Antifaschismus ein historisch entscheidender Moment der Rückkehr zu den demokratischen Werten war, die der Faschismus unterdrückt hatte.«

So war die Abkehr vom Faschismus vollzogen – am Ende aber nicht so ganz. Das neue Parteisymbol der Alleanza Nazionale nämlich nahm einfach das alte Symbol des Movimento Sociale Italiano auf; die in den Farben der Trikolore aus einem Trapez brennende Flamme, immer schon interpretiert als die (faschistische) »Idee«, die aus dem Sarg Mussolinis lodert.

Völlige Kontinuität herrschte in der Alleanza Nazionale auch beim politischen Personal, das fast komplett schon seit Jahren im Movimento Sociale Italiano aktiv gewesen war, Kontinuität auch beim Parteisitz in Rom, wo der Vorsitzende Fini im gleichen Büro saß, in dem schon Giorgio Almirante, der charismatische Anführer des Movimento Sociale Italiano residiert hatte, und auch die alte Parteizeitung *Il Secolo d'Italia* blieb weiter aktiv. So blieb das 1995 erfolgte Bekenntnis zum Antifaschismus zunächst einmal ein – in den folgenden Jahren kaum je wiederholtes – Lippenbekenntnis einer Partei, die auf die offene Traditionspflege verzichtet hatte, ohne doch je mit dieser Tradition einen wirklichen Bruch vollzogen zu haben.

Und ganz wie in alten Zeiten stellte Fini seine Alleanza Nazionale als stramm rechtskonservative Kraft auf, für die vor allem Law and Order zählten und die weiterhin für Italien eine Verfassungsreform hin zu einem Präsidialregime propagierte, wie es schon der Movimento Sociale Italiano getan hatte. Als die Rechte unter Berlusconi 2001 die Wahlen gewann und in den folgenden fünf Jahren regieren sollte, setzte der zum Stellvertretenden Ministerpräsidenten gewordene Fini denn auch darauf, als Mann von Recht und Ordnung Zeichen zu setzen. Im Jahr 2002 verantwortete er gemeinsam mit Lega Nord-Chef Umberto Bossi ein neues Ausländergesetz, das Immigranten die Einwanderung weiter erschwerte, indem es die Aufenthalts- an die Arbeitserlaubnis band – mit der Folge, dass bei Verlust des Arbeitsplatzes schnell auch der Verlust der Aufenthaltserlaubnis drohte. 2006 war er darüber hinaus einer der Initiatoren eines neuen Drogengesetzes, das auch für Kleinkonsumenten harte Strafen vorsah.

Neben diesem Postfaschisten, der alle in ihn gesetzten Erwartungen erfüllte, war jedoch seit 2001 auch immer wieder ein völlig anderer Fini zu besichtigen, dem es mit der Abkehr von den alten, stramm rechten Traditionen Ernst zu sein schien. So war er in den Jahren 2002–2003 Mitglied des Verfassungskonvents der Europäischen Union – und fiel dort durch konstruktive, von europäischem Geist geprägte Mitarbeit auf.

Und so hatte er schon im Jahr 2003 erklärt, stabil in Italien lebenden Ausländern solle das kommunale Wahlrecht eingeräumt werden. Im Jahr 2009 dann sollte er auch dafür eintreten, dass den in Italien geborenen Kindern von Immigranten automatisch die italienische Staatsbürgerschaft verliehen werde – eine in der italienischen Rechten bis heute völlig unpopuläre Forderung.

Und wenn er sich noch Ende der 1990er-Jahre ohne Umschweife über die Möglichkeit erregt hatte, seine Kinder könnten von homosexuellen Lehrern unterrichtet werden, vollzog er auch auf diesem Feld einen Reifeprozess. Jedenfalls nahm er, anders als so gut wie allen anderen rechten Politiker Italiens, für die Schaffung des Instituts der Eingetragenen Lebenspartnerschaften von schwulen und lesbischen Paaren Stellung. Von der rechten Regierungslinie wich er auch mit der Forderung ab, die Regeln für künstliche Befruchtung zu liberalisieren.

Als wäre das noch nicht genug, mutete Fini gerade seiner eigenen postfaschistischen Gefolgschaft bei einem Besuch in Yad Vashem, der Schoa-Gedenkstätte in Jerusalem, die Auskunft zu, die Rassegesetze und der Faschismus seien »das absolute Böse« der Geschichte gewesen. Diese Worte stießen vielen seiner Gefolgsleute ebenso sauer auf wie die Tatsache, dass er sich während des Besuchs mit Kippah fotografieren ließ.

Endgültig als geläuterter demokratischer Politiker setzte sich der Alleanza Nazionale-Chef dann in Szene, als er nach den von der Berlusconi-Rechten gewonnenen Wahlen 2008 Präsident des Abgeordnetenhauses wurde. Auch die Politiker der linken Oppositionsparteien bescheinigten ihm eine völlig überparteiliche Ausübung seines Amtes. Weit weniger zufrieden war allerdings Silvio Berlusconi.

Die Wahlen hatte er an der Spitze der neuen Liste Popolo della Libertà gewonnen, zu der sich Forza Italia und Alleanza Nazionale vereint hatten, und die beiden Rechtskräfte sollten noch im Jahr 2009 zur Fusion in einer Partei gleichen Namens schreiten. Der mittlerweile 72-jährige Berlusconi hatte Fini nicht zuletzt mit dem Versprechen gelockt, dass der Jüngere sein Kronprinz sein werde. Doch schnell gerieten die beiden aneinander, weil Fini vom Popolo della Libertà eine deutlich gemäßigtere Politik einforderte und zum Beispiel Berlusconis Dauerkonflikt mit der Justiz nicht mehr mittragen mochte. Aus dem Konflikt wurde schon im Jahr 2010 ein offener Bruch: Berlusconi ließ die PdL-Gremien den Rauswurf Finis und einiger Getreuer beschließen. In jenem Moment zeigte sich, wie wenig Finis eigene Abkehr von der alten faschistischen und postfaschistischen Tradition im Herzen seiner Mitstreiter angekommen worden war: Kaum einer der führenden Politiker des PdL, die noch aus der Alleanza Nazionale stammten, folgte Fini.

Der von Berlusconi Geschasste gründete wiederum eine eigene Partei, *Futuro e Libertà per l'Italia* (FLI – Zukunft und Freiheit für Italien). Doch trotz ihres Namens war dieser Neugründung keine Zukunft beschieden: Bei den Parlamentswahlen 2013 sollte sie miserable 0,5 Prozent erzielen und für immer in der Versenkung verschwinden. Zu diesem katastrophalen Resultat kam es nicht zuletzt, weil Berlusconi Fini nach dem Bruch moralisch erledigt hatte: Berlusconi ließ seine Medien Material über einen dubiosen Immobiliendeal veröffentlichen, in dem Verwandte seiner Lebensgefährtin ein von einer alten Witwe an die Partei vermachtes Haus in Monte Carlo günstig gekauft und dann mit hohem Gewinn verkauft hatten.

So oder so galt jedoch schon mit dem Aufgehen der Alleanza Nazionale in der großen Rechtspartei Popolo della Libertà, dass zum ersten Mal seit 1946 in Italien keine neo- beziehungsweise postfaschistische Partei auf dem Plan war, sprich: Die im Parteisymbol des Movimento Sociale Italiano und der Alleanza Nazionale aus Mussolinis Sarg lodernde Flamme war scheinbar endgültig erloschen.

Die Wiedergeburt des Postfaschismus unter Giorgia Meloni

Schon im Dezember 2012 wurde die Flamme jedoch wieder angefacht – von der damals 35-järigen Giorgia Meloni und einigen Mitstreitern aus den Reihen der früheren Alleanza Nazionale. Sie alle waren unzufrieden mit Berlusconis rechter Sammelpartei Popolo della Libertà, die der alternde Milliardär genauso autokratisch führte wie zuvor Forza Italia. Unzufrieden machte auch die Tatsache, dass die PdL im Parlament die Technokratenregierung von Mario Monti stützte.

Und tief im Inneren einte sie auch große Unzufriedenheit mit dem früheren AN-Vorsitzenden Fini, der sich immer stärker zum gemäßigten Politiker gewandelt hatte und – so Meloni später im Rückblick – »die italienische Rechte getötet« hatte.

Dabei konnte sich Meloni selbst eigentlich nicht beschweren. Gefördert von Fini ebenso wie von Berlusconi hatte sie eine wahre Blitzkarriere hingelegt, war schon 2006 mit gerade einmal 29 Jahren ins Abgeordnetenhaus eingezogen (und dort sofort zur Vizepräsidentin gewählt worden) und hatte nach dem rechten Wahlsieg 2008 den Posten der Jugendministerin erhalten, als jüngste je in ein Ministeramt gelangte Politikerin seit 1945.

Doch Meloni hatte Prinzipien, die sie seit ihrem Einstieg in die Jugendorganisation erst des neofaschistischen Movimento Sociale Italiano, dann der Alleanza Nazionale hochgehalten hatte, an der Seite vieler ihr seit den 1990er-Jahren bis heute verbundenen Mitstreiter. Und jene Prinzipien konnte sie mit der Gründung der neuen Partei »Fratelli d'Italia«, für deren Namen die ersten Worte der italienischen Nationalhymne herangezogen wurden, wieder aufleben lassen.

Denn wo Fini einen Kurs der Mäßigung eingeschlagen hatte, wo er sich für neue bürgerrechtliche Fragen offen gezeigt hatte, setzte Meloni nun wieder auf harte rechte und traditionalistisch-konservative Positionen. Zunächst Fraktionsvorsitzende im Abgeordnetenhaus, dann seit 2014 und bis heute FdI-Chefin, schlug sie schon beim ersten Parteikongress und dann im Europawahlkampf 2014 Pflöcke ein. So forderten die Fratelli d'Italia im Europa-Wahl-Programm den Ausstieg des Landes aus dem Euro ebenso wie aus dem Stabilitäts- und Wachstumspakt, verlangte die »Blockade der Immigration«, reklamierte auch die Direktwahl des Staatspräsidenten durch das Volk und propagierte, ganz wie Salvini, »Prima l'Italia, prima gli italiani!« – »Zuerst Italien, zuerst die Italiener«. Zu Marine Le Pen, Geert Wilders und der damaligen AfD-Chefin Frauke Petry bemerkte sie, sie habe »vieles gemein« mit jenen Führungspersonen des europäischen

Rechtspopulismus. Auch Meloni war schließlich angetreten, von rechts »eine Anti-Establishment-Politik« zu verfechten.

Wie die Lega unter Salvini, so hatte Meloni ihre Fratelli d'Italia als harte rechtspopulistische Kraft aufgestellt, gegen den »Käfig des Euro«, gegen die Verhätschelung von Immigranten, die nach ihren Worten auf Kosten der Steuerzahler in Hotels hausen durften, während arme, wohnungslose »italienische Rentner in ihrem Auto übernachten müssen«.

So hatten Fratelli d'Italia und die Lega in ihrer – von beiden Parteien im Jahr 2014 eingeschlagenen – Orientierung viel gemein. Zugleich aber spielte bei der postfaschistischen Partei der alte Korpsgeist wieder eine große Rolle, auch wenn öffentlich keineswegs Loblieder auf den Faschismus angestimmt wurden. Doch es spricht für sich, dass zum Beispiel Francesco Lollobrigida, seit Jahrzehnten Mitstreiter und Schwager Melonis und heute Landwirtschaftsminister, im Oktober 2012 – wenige Wochen vor der Gründung der FdI – in einem Städtchen südlich von Rom ein Monument für den Mussolini-General Rodolfo Graziani einweihen konnte. Jener Graziani hatte sich in Libyen ebenso wie in Abessinien schwerster Kriegsverbrechen schuldig gemacht, doch Lollobrigida wusste nur zu vermelden, er habe »Zuneigung« zu dem faschistischen Kriegsverbrecher.

Angesichts der neuen Strategie der Lega, als nunmehr stramm nationalistische Kraft in ganz Italien, schien der elektorale Spielraum für Melonis Fratelli d'Italia zunächst bescheiden zu sein. Bei den Parlamentswahlen 2013 reichte es für gerade einmal zwei Prozent, bei den Europawahlen 2014 verfehlte FdI angesichts der in Italien herrschenden Vier-Prozent-Hürde mit 3,96 Prozent knapp den Einzug ins Europäische Parlament.

Doch dass mehr ging, zeigte sich spätestens 2016 bei den Bürgermeisterwahlen in Rom. Bei ihnen siegte die Fünf-Sterne-Kandidatin Virginia Raggi, und dank dieser Sensation ging unter, dass Meloni als Kandidatin der FdI und der Lega 20 Prozent geholt hatte. Vorerst aber schien dieser Erfolg vor allem der Tatsache geschuldet zu sein, dass Fratelli d'Italia in Rom besser als sonst in ganz Italien verankert war.

Getrennt marschieren, vereint schlagen – das Erfolgsrezept der italienischen Rechten auch in Krisenzeiten

Eigentlich hatte sich, so schien es, auf er italienischen Rechten gar nichts geändert in den über 20 Jahren seit 1994. Wie schon bei Berlusconis erstem Wahlsieg waren drei Partner an Bord, Forza Italia, Lega und schließlich die Postfaschisten, die erst Alleanza Nazionale hießen und dann, nach 2012, Fratelli d'Italia. Bei allen nationalen Wahlen seit 1994 war diese Allianz geeint angetreten, mit Ausnahme des Urnengangs 1996, aber auch in den Regionen, den Kommunen fand die rechte Bündnisformel fast flächendeckend Anwendung.

Allerdings täuscht der Schein ungebrochener Kontinuität. Gleich zwei der drei Parteien hatten eine einschneidende Veränderung erlebt, hatten deshalb auch nicht umsonst seit 2013 neue Protagonisten an der Spitze.

Vorneweg die Lega, die nicht umsonst nicht mehr »Lega Nord« sein wollte. Unter Matteo Salvini hatte sie sich von der separatistischen Vertretung regionaler Interessen verabschiedet und als stramm nationalistische Kraft neu erfunden. Sie setzte nun vor allem auf den Kampf gegen Immigranten und die Ablehnung Europas. Unverkennbar war eine damit einher gehende Radikalisierung. Denn die frühere Lega Nord Umberto Bossis mochte mit dem Separatismus zwar auch einem wohl subversiv zu nennenden Ziel angehangen haben – doch im Regierungsalltag an der Seite Berlusconis war dieses Ziel bei aller verbalen Ablehnung des Nationalstaats zunehmend zum lauten Ruf nach »Föderalismus« aufgeweicht worden.

Von Radikalisierung muss man erst recht bei den Postfaschisten sprechen. Als Gianfranco Fini dort noch Chef war, konnte man einen Prozess wachsender Mäßigung beobachten. Gewiss, auch Fini verstand Alleanza Nazionale (AN) als rechtskonservative Kraft, doch deutlich erkennbar setzte er darauf, die AN aus der reaktionären Ecke zu holen und in eine liberal-konservative Partei zu verwandeln. Nicht umsonst erfolgte sein Bruch mit Berlusconi im Jahr 2010 darüber, dass Fini seinen alten Bündnispartner als zu radikal, zu populistisch empfand – nicht umgekehrt.

Als aber Giorgia Meloni an die Spitze der neuen Partei Fratelli d'Italia trat, waren alle Mäßigungsversuche Finis vergessen – denn auch Meloni setzte ganz wie der Lega-Chef Salvini auf ein radikal rechtes Profil. Beide waren sich in diesem Punkt einig: Im von der Eurokrise seit 2011 erschütterten Italien glaubten sie, mit radikalem Wut-Populismus für sich eine politische Zukunft schaffen zu können.

Auch wenn Berlusconis Forza Italia diese Neujustierung des politischen Angebots nicht mitvollzog, hatte sich dennoch die Achse innerhalb der Allianz deutlich nach rechts verschoben. Vor der Wende sowohl der Lega als auch der Postfaschisten seit 2013 hatten Lega und Alleanza Nazionale nicht nur über Jahre hinweg einen Weg der Mäßigung eingeschlagen – sie hatten einander in gewisser Weise auch kompensiert, denn dem Nationalismus der AN stand auf der anderen Seite der Anti-Nationalismus der Lega Nord gegenüber. Damit war es nun vorbei: Gleich zwei stramm nationalistische Parteien wandten sich an die Wähler, um mit Stimmungsmache gegen Ausländer ebenso wie die EU zu punkten.

Verschoben hatte sich die Achse in der Allianz aber auch, weil sich die Gewichte in ihrem Inneren verlagert hatten. Forza Italia musste einen schleichenden Zustimmungsrückgang erleben, während Salvinis Kurs sich bald auszahlte und die Lega 2017 in allen Meinungsumfragen mit etwa 15 Prozent etwa gleich stark war wie Forza Italia. Die Fratelli d'Italia erreichten stabil rund fünf Prozent. Damit hatten, erstmals in der Geschichte des Rechtsblocks seit 1994, die beiden radikal rechten Parteien in der Allianz ein höheres Gewicht als Forza Italia – und dieses Bild sollte sich in den folgenden Jahren weiter verstärken.

Dritter Teil: Der Dammbruch – vom Triumph der Fünf Sterne zum Aufstieg Giorgia Melonis

Kapitel 10: Italien nach 2018 – ein Land rückt nach rechtsaußen

Drei statt wie vordem über Jahre üblich zwei Mannschaften auf dem Feld – die Rechte, das Mitte-links-Lager, die Fünf Sterne – und deshalb die Aussicht, dass keines der drei Teams am Ende im Parlament die zum Regieren notwendige Mehrheit erobern würde: Bei den Parlamentswahlen vom März 2018 stand wenigstens dieses eine Resultat schon im Vorfeld fest.

Fest stand allerdings auch schon früh, wer der sichere Verlierer sein würde. Der Partito Democratico hatte über fünf Jahre hinweg erst mit Enrico Letta, dann mit Matteo Renzi und schließlich mit Paolo Gentiloni den Ministerpräsidenten gestellt, er hatte vor allem unter Renzi versprochen, dem Land endlich den Aufbruch aus Krise und Stagnation zu bescheren, doch der vermeintliche Retter des Vaterlands hatte sich binnen Kurzem selbst entzaubert.

Denn aus der ökonomischen Misere hatte er Italien nicht zu führen gewusst. Seit dem tiefen Einbruch von 2012–2013 hatte es in allen Jahren nur zu einem minimalen Wachstum des BIP gereicht – im Schnitt nicht einmal 1 Prozent pro Jahr. Damit stand Italien beim BIP, bei den Einkommen und bei der Beschäftigung immer noch weit schlechter da als in den Vorkrisenzeiten der 2000er-Jahre. Italien blieb vor allem eines: ein entmutigtes, pessimistisches Land.

Zudem hatte Renzi das Gros der Wähler mit unpopulären Reformen, beginnend bei der Arbeitsmarktreform, gegen sich aufgebracht. Schließlich war er mit seinem Doppelprojekt der Verfassungs- und der Wahlrechtsreform grandios gescheitert und im Dezember 2016 als Ministerpräsident zurückgetreten. Doch als Parteichef machte er einfach weiter, als wäre da nichts gewesen. Er führte den Partito Democratico auch in die Wahlen von 2018 – einen PD allerdings, von dem sich ein Jahr zuvor Teile des linken Flügels – unter ihnen Renzis Vorgänger Bersani – abgespalten hatten und der außer einigen Mini-Listen keine Bündnispartner mehr an seiner Seite hatte. Alle Meinungsumfragen sagten einhellig voraus: dass dieser PD nicht auf Sieg, sondern bestenfalls auf Platz spielen würde.

Daran konnte auch der Wahlkampf nichts ändern. Vollmundig wie Berlusconi versprach die Partei deutliche Senkungen bei der Einkommenssteuer, dazu einen Mindestlohn, erhöhte Familienleistungen – doch die Wähler fragten sich, warum der Partito Democratico nichts von alledem in seinen Jahren an der Regierung in Angriff genommen hatte.

Vergleichbare Glaubwürdigkeitsprobleme hatten die Fünf Sterne nicht. Sie waren 2013 ins Parlament eingezogen, sie hatten seither ihre Rolle in der Fundamentalopposition gefunden und waren eine unverbrauchte Kraft geblieben.

Eine unverbrauchte Kraft allerdings, die ihr Versprechen hielt, dass ihre Parlamentarier das Gros ihrer Diäten in einen Topf abführten, aus dem zum Beispiel notleidende Kleinunternehmen unterstützt wurden, eine unverbrauchte Kraft auch, die von Korruptionsskandalen nie gestreift wurde, die weiterhin mit dem Anspruch antrat, ein Wahlsieg des M5S werde die »Kaste der Politiker« entmachten zugunsten einer Bewegung, die nichts anderes sei als das Sprachrohr der einfachen Bürger.

Und von ihrer Regierung, so das Kernversprechen, würden die einfachen Bürger profitieren, zum Beispiel mit der umgehenden Einführung des Reddito di Cittadinanza (RdC), das entgegen seinem Namen (»Bürgereinkommen«) eine Grundsicherung darstellte, die, wie seinerzeit Hartz IV, an Auflagen geknüpft war, beginnend bei der Bereitschaft, eine Arbeit aufzunehmen. Für eine alleinstehende Person, so der Plan, sollte es monatlich bis zu 780 Euro geben, für den Partner weitere 200, für Kinder je 100 Euro.

In dem von der Krise gezeichneten Land, in dem rund drei Millionen Menschen arbeitslos waren, ohne dass es eine flächendeckende Sozialsicherung gegeben hätte, in dem rund fünf Millionen Menschen in tiefer Armut lebten, in dem sich Millionen in prekären Beschäftigungsverhältnissen wiederfanden und keinerlei Arbeitslosensicherung griff, war diese Forderung sehr populär – genauso populär wie der weiterhin vorgetragene Generalangriff der Fünf Sterne auf die »verbrauchten«, die »korrupten« Altparteien.

Anders als 2013 konnte sich der Gründer Beppe Grillo deshalb fünf Jahre später fast komplett aus dem Wahlkampf heraushalten, den er der jungen Schar an Parlamentariern überließ, die seit 2013 prominent geworden waren. Unter ihnen stach Luigi Di Maio hervor, ein ebenso alerter wie adretter 31-Jähriger aus dem Großraum Neapel. Schon optisch war er das Gegenbild zu dem immer mit zerzausten Haaren auftretenden Grillo; der immer leicht gebräunte, immer akkurat gekleidete Di Maio wirkte wie ein junger Karriereanwalt, wie der ideale Schwiegersohn – und war als abgebrochener Student, der sich vor seinem Einstieg in die Politik mit Gelegenheitsjobs durchgeschlagen hatte, doch zugleich für Hunderttausende prekär lebende junge Leute ein Repräsentant, mit dem sie sich völlig identifizieren konnten. 2017 wurde er, natürlich in einer Online-Abstimmung, von den Fünf Sternen zum neuen »Capo politico«, zum »Politischen Chef« der Bewegung gekürt, nachdem Grillo seinen Rückzug aus dem aktiven politischen Alltagsgeschäft verkündet hatte –allerdings behielt er sich die Rolle des »Garanten der Bewegung« vor, der in allen Fragen das letzte Wort hatte.

Bei Luigi Di Maios Wahlkampfauftritten war zu beobachten, welch breite Ausstrahlung der M5S mittlerweile genoss. So konnte er morgens im Zentrum Neapels in einem Theater vor gutbürgerlichem Publikum reden, konnte dort die Vertreter der Rechtsanwaltskammer ebenso wie der Lehrergewerkschaften begrüßen und unter großem Applaus die Forderungen der Fünf Sterne vorstellen – um dann am Nachmittag vor proletarischem Publikum im Stadtrandviertel Scampia ähnliche Begeisterung zu entfachen. Gerade in den armen Peripherien der Städte wurden er und die anderen Kandidaten des M5S als wahre Heilsbringer gefeiert, konnte zum Beispiel ein junger Arbeitsloser über Di Maio sagen, »er gibt uns die Würde zurück«.

Wie schon bei den Wahlen fünf Jahre zuvor galten die Fünf Sterne Millionen Menschen im Land erneut als die möglichen Retter, die Italien aus seiner Misere führen könnten. Es waren allerdings Retter, die sich mittlerweile einen guten Schuss Realismus zugelegt hatten, die zum Beispiel auf die alten Polemiken gegen die EU, gegen den Euro verzichteten. Stattdessen gingen Di Maio jetzt die Worte »unser Haus ist Europa« ganz selbstverständlich über die Lippen, und statt des Ausstiegs aus der Gemeinschaftswährung träumte das M5S jetzt von einer Allianz der von der Krise gebeutelten Euro-Südstaaten, um die Gewichte innerhalb der Union zu verschieben – ein in Italien seinerzeit durchaus mehrheitsfähiges Ansinnen. An Mehrheitsfähigkeit war den Fünf Sternen durchaus gelegen, denn anders als Renzis Partito Democratico spielten sie nicht auf Platz, sondern auf Sieg.

Auf Sieg spielte wiederum auch die Rechtsallianz, die Dreierformation aus Berlusconis Forza Italia, Salvinis Lega und Melonis Fratelli d'Italia. Forza Italia tat so, als habe sich eigentlich seit 1994, seit Berlusconis Eintritt in die Politik, gar nichts geändert. Ganz selbstverständlich prangten auf dem Parteisymbol die Worte »Berlusconi Presidente«, obwohl der Vorbestrafte dank seiner Verurteilung gar nicht als Kandidat antreten konnte. Und ganz selbstverständlich versprach Berlusconi wie in den besten Zeiten das Blaue vom Himmel, 1.000 Euro monatliche Mindestrente genauso wie kostenlose Tierarztbesuche für Senioren, die Abschaffung der KFZ-Steuer auf das erste Auto (nicht jedoch auf den Zweitwagen) genauso wie einen einheitlichen Steuersatz von 23 Prozent auf alle Einkommen. Anders als noch im Wahlkampf 2008 allerdings wiederholte er das damals gemachte Versprechen nicht, unter einer von ihm geführten Regierung werde »der Krebs binnen drei Jahren besiegt«.

Anders als in der Vergangenheit beanspruchte er eine gänzlich neue Rolle für seine Forza Italia, die er auf einmal als »Bollwerk gegen die Populisten« verstanden wissen wollte, ein Statement, das ihm den Beifall Manfred Webers, CSU-Politiker und Spitzenmann der EVP, eintrug.

Berlusconi wusste nur zu gut, dass er jene »Populisten« nicht bloß bei den Fünf Sternen zu suchen hatte, sondern besonders in der eigenen Allianz, bei der Lega ebenso wie bei den Fratelli d'Italia, die sich als »Anti-Establishment«-Kräfte inszenierten, als Vertreter der einfachen Leute gegen die Eliten, wenn auch mit anderen Akzenten als die Fünf Sterne.

Unter Matteo Salvini kannte die Lega in ihrem »Italiener zuerst!«-Wahlkampf vor allem ein Thema, die vorgebliche »Invasion« der Immigranten, die die Sicherheit der italienischen Bürger, ja das Überleben der »Rasse« bedrohten. Ganz selbstverständlich äußerte Attilio Fontana, einer der Spitzenpolitiker der Lega: »Wir müssen entscheiden, ob unsere Ethnie, unsere weiße Rasse überleben oder ausgelöscht werden sollen«, denn »sie (die Migranten) sind wesentlich entschlossener als wir, dieses Territorium zu besetzen«.

Salvinis Rezept lag auf der Hand. Einmal an der Regierung, werde er eine Politik der »geschlossenen Häfen« durchsetzen, werde er zudem Hunderttausende »illegale Immigranten« aus dem Land werfen. Auch in der Sozial- ebenso wie in der Steuerpolitik machte die Lega attraktive Versprechen, sagte zum Beispiel zu, die Restriktionen für die Frühverrentung von Personen mit vielen Beitragsjahren rückgängig zu machen, stellte Selbstständigen einen reduzierten Einheitssteuersatz von 15 Prozent in Aussicht.

Und natürlich galt es, die Italiener nicht nur vor den Migranten zu schützen, sondern auch vor Europa und dem Euro. »Der Euro ist die Hauptursache unseres wirtschaftlichen Niedergangs«, verkündete das Wahlprogramm, es gehe deshalb darum, Wege zu einem »abgestimmten Ausstieg« aus der Gemeinschaftswährung zu finden.

Gegen die Migranten und eine EU der »Bürokraten«, gesteuert aus Berlin und Paris – Giorgia Melonis Postfaschisten der Fratelli d'Italia hatten ein Angebot, das dem der Lega aufs Haar glich. »Es ist, Zeit, uns unsere Souveränität zurückzuholen, um unsere Identität und unsere Kultur zu bekräftigen, die von der unkontrollierten Einwanderung bedroht werden«, erklärte Meloni im Wahlkampf. Jetzt habe »die Stunde der Patrioten« geschlagen. Und wo Salvini nach geschlossenen Häfen rief, reklamierte Fratelli d'Italia gleich Akte wie »Seeblockaden, um das inakzeptable Handeln der NGOs im Mittelmeer zu durchkreuzen«, oder auch den Einmarsch in Libyen mit »einer internationalen Mission zu Lande, um die Kontrolle der Häfen zu übernehmen, von dem die Todesschiffe in See stechen«.

Meloni stellte ebenfalls den Euro-Ausstieg in Aussicht, falls es nicht zu kräftigen Kompensationen für die durch die Euro-Krise geschädigten Länder komme, auch sie schob generöse Versprechen für die Bürger hinterher, zum Beispiel ein Kindergeld von 400 Euro monatlich. Geburten von kleinen Italienern ankurbeln, Immigranten abwehren – dies war das postfaschistische Rezept für Italiens Zukunft.

Wahlausgang und Regierungsbildung – die bizarre Koalition aus Fünf Sternen und Lega

Erneut waren drei Lager auf dem Feld, und keines von ihnen hatte realistische Aussichten, in beiden Häusern des Parlaments die absolute Mehrheit zu erobern. Auf den ersten Blick erlebte Italien so die schiere Wiederholung des Wahl-Szenarios von 2013. Doch ganz so war es nicht. Zunächst hatte das Land sich – immerhin schon zum dritten Mal seit 1994 – erneut ein neues Wahlrecht gegönnt. Abgeschafft war der alte Mehrheitsbonus, der noch 2013 der Mitte-links-Allianz um den Partito Democratico wenigstens im Abgeordnetenhaus die klare Mehrheit von 340 der 630 Sitze eingeräumt hatte, auch wenn sie nur auf rund 30 Prozent der Stimmen gekommen war – und der so den Weg dafür geöffnet hatte, dass der PD fünf Jahre lang die Regierung anführen konnte.

Diesmal wurden 37 Prozent der Parlamentssitze nach Mehrheitswahlrecht in Personenwahlkreisen vergeben, die verbleibenden Sitze dagegen über Parteilisten nach Proporz. Auch dieses neue Gesetz belohnte Allianzbildungen schon deshalb, weil geeinte Kräfte weit höhere Chancen hatten, die nach Mehrheitswahlrecht vergebenen Mandate zu erobern.

Anders als 2013 hatten nur die Rechte und die Fünf Sterne realistische Siegchancen, während der abgewirtschaftete Partito Democratico auf eine sichere Niederlage zusteuerte. In der Tat waren seine Resultate am Wahlabend verheerend: Er brach auf 18,8 Prozent ein, und in der von ihm angeführten Allianz waren nur einige Mini-Listen der linken Mitte dabei, die weitere magere vier Prozent beisteuerten.

Ganz anders sah das Resultat der Rechten aus, die auf 37 Prozent kamen und sich nach fünf Jahren in der Opposition erkennbar erholt hatten. Doch es war nicht mehr die gleiche Rechte wie 1994 – eine Rechte, in der Berlusconis Forza Italia eindeutig dominiert hatte, während die Lega und die Postfaschisten mit der Rolle der Juniorpartner vorliebnehmen mussten. Matteo Salvini konnte einen wahren Triumph feiern: Seine Lega stieg auf 17,4 Prozent, holte damit so viel wie noch nie in ihrer Geschichte. Forza Italia stürzte auf 14 Prozent ab, während Giorgia Melonis Fratelli d'Italia 4,3 Prozent erreichten. Rechts der Mitte war damit Salvini der starke Mann geworden, rechts der Mitte galt nun aber auch, dass der harte, wütende, radikale Populismus der Lega – und der Fratelli d'Italia – die Oberhand gewonnen hatte über Berlusconis weich gespülten Gute-Laune-Populismus.

Am meisten triumphierten die Fünf Sterne, die ihr Ergebnis von 2013 (25,6 Prozent) noch einmal deutlich steigern konnten und 32,7 Prozent nach Hause brachten – jeder dritte Italiener hatte damit die Anti-Establishment-Kraft gewählt, die das große Aufräumen in der italienischen Politik versprach. Eine »Republik der Bürger« werde jetzt anbrechen, verkündete der Frontmann Luigi Di Maio nach dem Sieg und schob hinterher, seine Bewegung sei sich ihrer Verantwortung »sehr bewusst«. Insgesamt hatten damit weit mehr als 50 Prozent der Italiener für Listen gestimmt, die sich selbst als Anti-Establishment-Kräfte verstanden, die den traditionellen Politikbetrieb aufmischen, die endlich den »einfachen Leuten« gegen »die da oben« Gehör verschaffen wollten.

Zwar gab sich der M5S gesprächsbereit nach allen Seiten, nach links wie nach rechts. Doch der Partito Democratico schlug ihm sofort die Tür vor der Nase zu. Zwar war Renzi unmittelbar nach dem Wahldebakel als Parteivorsitzender zurückgetreten – doch er hatte sich das Recht ausbedungen, dennoch eventuelle Koalitionsverhandlungen zu führen. Seine Marschroute aber hieß, gar nicht erst zu verhandeln und sein »Nein zu einer Regierung mit Extremisten« zu verkünden.

Damit stand Di Maio nur noch die Option offen, rechts nach Partnern zu suchen. Rechts – das hieß Matteo Salvinis Lega. Denn Berlusconis Forza Italia kam für den M5S als Regierungspartner von vornherein nicht infrage. Berlusconi, der »Psycho-Zwerg« (Beppe Grillo), stand wie kein anderer für jene korrupte Politik, gegen die die Fünf Sterne ihren Kampf aufgenommen hatten.

Vorderhand sprach wenig für eine Koalition, die zwei Kräfte mit völlig unterschiedlichen Programmen zusammenführte, auf der einen Seite die Lega, die unter Salvini genauso klang wie Marine Le Pen, auf der anderen Seite die Fünf Sterne, die auf die Frage der sozialen Gerechtigkeit genauso setzten wie auf Bürgerrechts- oder Umweltthemen. Und doch gab es Affinitäten wie die Tatsache, dass da die beiden Sieger der Wahl von 2018 zusammenfanden, die ihren Erfolg beide mit dem Gestus des Kampfes gegen »das Establishment« nach eingefahren hatten.

Und die Gegensätze? Die überbrückten Di Maio und Salvini ganz einfach, indem sie das Koalitionsprogramm genauso wie die Verteilung der Ministersessel zum jeweiligen »Wünsch-dir-was« für die beiden Parteien machten. Die Maio griff sich das neue Superministerium für Wirtschaft und Arbeit, aus dem heraus er die Einführung der Grundsicherung vorantreiben wollte. Salvini optierte für das Innenministerium, um es als Kommandobrücke seiner Abwehrschlacht gegen die »Invasion« der Migranten zu nutzen. Di Maio feierte das neue Bündnis als »Regierung des Wandels«, eines Wandels jedoch, den jeder der Partner auf seine Weise in Angriff nahm.

Als Ministerpräsidenten wiederum schickten die beiden den Juraprofessor Giuseppe Conte vor, einen völlig unbekannten Spezialisten für Verwaltungsrecht, dem die Rolle der Marionette zwischen den beiden Puppenspielern Salvini und Di Maio zugedacht schien. »Zum »Anwalt des Volkes« erklärte Conte sich umgehend, und wenigstens einen Primat konnte er beanspruchen: Er stand der ersten ausschließlich von Anti-Establishment-Kräften gebildeten Regierung in Westeuropa vor. »Wenn Populismus bedeutet, die Bedürfnisse der Menschen anzuhören, dann nehmen wir ihn für uns in Anspruch«, erklärte Conte denn auch in seiner Antrittsrede vor dem Parlament, in der er »radikalen Wandel« versprach.

Einen Kriegsschauplatz allerdings eröffneten Conte und seine Koalition gar nicht erst: den gegen die EU und den Euro. Nur einen Tag vor der Vereidigung des neuen Kabinetts hatte Salvini eilends die meterhohen Lettern »Basta Euro« auf der Wand vor der Parteizentrale der Lega übertünchen lassen, und in Contes Regierungserklärung fehlte jedweder polemische Ausfall gegen Brüssel, die EU, den Euro.

Dagegen zog Di Maio aus dem Arbeitsministerium heraus sofort in den »Krieg gegen die Armut«. Er legte das neue Gesetz zum Reddito di Cittadinanza (RdC – Bürgereinkommen) auf, das tatsächlich die soziale Sicherung in Italien revolutionierte. Wer immer ohne Einkommen, ohne Vermögen – abgesehen von der selbst genutzten Eigentumswohnung – dastand, sollte vom Frühjahr 2019 an in den Genuss der Grundsicherung kommen. Bis zu fünf Millionen Menschen, so wurde kalkuliert, könnten profitieren, rund acht Milliarden Euro jährlich sollte die Maßnahme kosten. Als das Parlament im September 2018 die Grundsicherung endgültig absegnete, verkündete Dia Maio emphatisch, der M5S habe gerade »die Armut abgeschafft«. Ganz so war es nicht, doch immerhin konnten die Fünf Sterne für sich reklamieren, Millionen bisher völlig einkommensloser Menschen wenigstens aus der bittersten Armut geholt zu haben – eine Tatsache, die der Bewegung vor allem im ökonomisch und sozial abgehängten Süden des Landes wachsende Popularität bescherte.

Ganz nebenher allerdings hatten sich die Fünf Sterne auch bei der Grundsicherung von Salvini eine offen ausländerfeindliche Klausel diktieren lassen. In den Genuss der neuen Unterstützung nämlich sollten nur jene Nicht-EU-Ausländer kommen, die seit mindestens zehn Jahren in Italien lebten.

Unterdessen war wiederum Salvini vom ersten Tag seiner Amtszeit als Innenminister in seinen Krieg gegen die »illegalen Immigranten« gezogen. Schon im Juni 2018 machte er ernst mit der Parole von den »geschlossenen Häfen« und verweigerte dem von den NGOs *SOS Méditerranée* und Ärzte ohne Grenzen betriebenen Schiff Aquarius die Einfahrt in italienische Häfen. In einem Tweet erklärte Salvini: »Menschenleben zu retten ist eine Pflicht, nicht aber, Italien in ein enormes Flüchtlingslager zu verwandeln. Italien hat aufgehört, den Kopf zu senken und zu gehorchen, jetzt gibt es jemanden, DER NEIN SAGT.«

Salvini tat jetzt, aus der Regierung heraus, das, was die Lega in den vergangenen Jahren immer getan hatte: dramatisieren, skandalisieren, einen Notstand dort auszurufen, wo substanziell gar keiner war. Denn die Rede von Italien als »Flüchtlingslager Europas« war durch Fakten in keiner Weise untermauert. Dem Innenminister spielte hier allerdings in die Hände, dass seit diversen Jahren quer über alle Parteigrenzen von links bis rechts die Rede von »Europa, das Italien mit den Flüchtlingen allein lässt«, zu einem wahren Mantra geworden war.

In der Tat hatte die Zahl der Flüchtlingsankünfte über das Mittelmeer seit 2013 deutlich zugenommen, waren in den vier Jahren 2014–2017 über 600.000 Menschen aus Afrika oder Asien eingetroffen – doch ein Gutteil von ihnen war anschließend weiter nach Norden gezogen, nach Deutschland, Schweden oder Großbritannien. Bei der Zahl der endgültig Aufgenommenen lag Italien damals mit nicht einmal 400.000 binnen vier Jahren bloß im europäischen Mittelfeld und hatte keineswegs Herausforderungen zu stemmen, wie sie etwa im Jahr 2015 auf Deutschland oder Schweden zugekommen waren. Dennoch funktionierte die Erzählung vom angeblich einzigartigen »Migrantennotstand« in Italien, und für die einfachen Italiener war dieser vorgebliche Notstand allzu sichtbar – wenn auch nur, weil in den Innenstädten mittlerweile an so gut wie jeder Straßenkreuzung bettelnde Schwarzafrikaner standen.

Deren Präsenz wiederum war für Salvini das Motiv, die Unsicherheitsgefühle der Italiener weiter zu steigern und die Bedrohung durch »Ausländerkriminalität« an die Wand zu malen. Auch diese Behauptung war schlicht kontrafaktisch: Italien erlebte seit Jahren sinkende Kriminalitätsraten, vorneweg die Zahl der Morde, die von rund 2.000 jährlich in den frühen 1990er-Jahren auf 526 im Jahr 2010 und schließlich auf nur noch 345 im Jahr 2018 gefallen war.

Doch dem Erfolg der Lega-Propaganda und des durch Salvini aus dem Innenministerium heraus organisierten Krieges gegen die Flüchtlinge tat dies keinen Abbruch. Er werde in Zukunft nicht nur NGO-, sondern auch Marineschiffe anderer Länder

»BLOCKIEREN«, tweetete Salvini schon im Juli 2018 in Großbuchstaben – und sein Meisterstück lieferte er ab, als er nur einen Monat später sogar einem Schiff der italienischen Küstenwache mit 137 Flüchtlingen an Bord zehn Tage lang die Hafeneinfahrt verweigerte, weil er vorher den anderen EU-Staaten eine Übernahmegarantie für alle Migranten an Bord abtrotzen wollte. Später führte Salvini aus, er habe die Flüchtlinge festhalten lassen, »um das Vaterland zu verteidigen«.

So ging es in den folgenden Monaten immer weiter mit der »Verteidigung des Vaterlands«. Im März 2019 etwa wurde dem italienischen NGO-Schiff Mare Ionio die Einfahrt in italienische Hoheitsgewässer verweigert, mit der kühnen Behauptung, diese »verletzt die Sicherheit des Staates«. Im Juni 2019 dann traf es das deutsche NGO-Schiff Sea Watch 3, das mit 42 Flüchtlingen an Bord vor Lampedusa blockiert wurde. Die Kapitänin Carola Rackete setzte sich schließlich nach Tagen des Wartens angesichts der unhaltbaren Zustände an Bord über die Anordnung der Behörden hinweg und fuhr in den Hafen ein, woraufhin sie umgehend verhaftet wurde. Salvini kübelte in wenig ministerialer Sprache gegen »das gesetzlose Schiff« ebenso wie gegen Rackete, »die Zecke«, »die verwöhnte reiche Kommunistin«.

Doch die Haftrichterin hob den Haftbefehl binnen weniger Tage auf, da die Vorwürfe haltlos seien – und Salvini beschwerte sich über das »schändliche und politische Urteil, das eine Verbrecherin auf freien Fuß setzt und Italien schadet«.

Es entbehrt nicht der Ironie, dass sich auf der einen Seite die Fünf Sterne mit der Grundsicherung eines höchst realen Problems annahmen, dass sie ein Gesetz auf den Weg brachten, in dessen Folge sich die Lebensbedingungen von Millionen Menschen deutlich verbesserten, ohne daraus jedoch auch nur einen minimalen Ertrag bei den Zustimmungswerten für die Bewegung zu ziehen. Auf der anderen Seite stand Salvini, der ein imaginäres Problem aufnahm. Doch er schaffte es, in bester populistischer Manier als derjenige durchzugehen, der mit seinem Versprechen wirklich ernst machte, nämlich die einfachen Leute gegen die Zumutungen der Globalisierung, Europas, der Moderne zu schützen.

Dabei waren in den ersten fünf Monaten des Jahres 2018 – den Monaten, bevor Salvini Innenminister wurde – gerade einmal 13.000 Migranten übers Mittelmeer gekommen Auch die weit höheren Zahlen der Vorjahre hatten nie wirklich einen »Notstand« mit sich gebracht. Doch Salvini konnte sich mit einer Politik, die am Alltag der Italiener schier gar nichts änderte, binnen kürzester Zeit zum strahlenden Helden aufschwingen: Schon im Januar 2019, nach nur einem halben Jahr der Regierung M5S-Lega, war die Partei Salvinis in den Meinungsumfragen auf 32 Prozent hochgeschossen, während der M5S auf nur noch 25 Prozent kam.

Besorgniserregend an diesem rasanten Popularitätszuwachs der Lega war vor allem eines: Offenkundig war er von Salvinis beinhartem Abschottungskurs in der Flüchtlingspolitik getragen, dem seinerzeit in allen Umfragen bis zu 70 Prozent der Italiener zustimmten, und offenkundig fand sich ein wachsendes Segment der Wähler ganz selbstverständlich in der »Italiener zuerst!«-Rhetorik wieder: Nicht trotz, sondern gerade wegen ihrer Radikalisierung hatte die Lega Popularitätshöhen erklommen, die noch wenige Jahre zuvor unvorstellbar gewesen wären. Man kann es auch anders formulieren: Der Dammbruch des Vormarschs eines radikal rechten Populismus erfolgte in Italien keineswegs mit Giorgia Melonis Triumph bei den Parlamentswahlen im September 2022, sondern schon lange vorher – in den Jahren von 2018 bis 2019, unter der Führung Matteo Salvinis.

Für die Fünf Sterne wiederum rächte sich die Tatsache, dass sie sich immer als »weder rechts noch links« positioniert hatten. In den Zeiten der Opposition hatte diese Selbstzuordnung durchaus als Erfolgsrezept funktioniert, hatte sie dem M5S erlaubt, Wähler sowohl links als auch rechts anzusprechen. Doch gerade jener durchaus nennenswerte Teil rechter, ja bisweilen rechtsradikaler Wähler sah nun, wie die Fünf Sterne an der Regierung sich sozialen Fragen widmeten, während ihr Koalitionspartner Salvini in der harten Flüchtlingsabwehr mit martialischer Pose glänzte, den starken Mann sowohl gegen die »illegalen Immigranten« als auch die »Vize-Schleuser« (so Salvini) der in der Seenotrettung tätigen NGOs gab und darüber zur perfekten Verkörperung des autoritären Traums eines Gutteils der Rechtswähler wurde.

Die Europawahlen 2019 – die radikale Rechte bricht alle Rekorde

Im Mai 2019 war für Salvini die Gelegenheit gekommen, die Ernte einzufahren, und sie fiel überreich aus: Bei den Europawahlen erhielt die Lega 34,3 Prozent der Stimmen und konnte damit ihr Ergebnis gegenüber den nur ein Jahr vorher abgehaltenen nationalen Wahlen glatt verdoppeln, ganz zu schweigen von den Parlamentswahlen von 2013, als sie nur vier Prozent erreicht hatte.

Als wäre das noch nicht genug, erzielte auch Giorgia Melonis postfaschistische Fratelli d'Italia 6,3 Prozent – mehr als 40 Prozent der Italiener hatten damit für radikal rechte, europaskeptische und ausländerfeindliche Parteien gestimmt, so viele wie in keinem anderen Land Westeuropas.

Man könnte dieses Resultat damit relativieren, dass zugleich die Fünf Sterne von ihren knapp 33 Prozent (2018) auf nur noch 17 Prozent abstürzten und dass damit der gesamte Stimmenanteil der »Anti-Establishment«-Parteien einigermaßen stabil geblieben war. Man könnte auch darauf hinweisen, dass die Wähler nur fünf Jahre zuvor, bei den Europawahlen 2014, den damaligen Chef des Partito Democratico, Matteo Renzi, mit gut 40 Prozent auf den Schild gehoben hatten. Diesmal, so die einfache Erklärung, bevorzugten die Italiener halt einen neuen Heilsbringer, einen neuen starken Mann, dem sie in messianischem Wunderglauben das Los der Nation anvertrauen wollten.

Doch eine solche Erklärung greift zu kurz. Denn sie blendet den entscheidenden Unterschied in den Heilsversprechen eines Matteo Renzi oder Beppe Grillo auf der einen, eines Salvini (und auch einer Meloni) auf der anderen Seite aus. Grillo ebenso wie Renzi pflegten den Anti-Eliten-Gestus vorneweg gegenüber der politischen Klasse Italiens, sie versprachen den radikalen Kehraus des »Alle ab nach Hause!« (Grillo) oder der »Verschrottung« der Altpolitiker »ohne Abwrackprämie« (Renzi), die die Voraussetzung für ein sauber regiertes, dynamischeres, gerechteres Land schaffen sollte.

Salvini und, vorerst noch in seinem Schatten, Meloni hatten dagegen ganz andere Gegner ausgemacht: die angeblich italienfeindliche EU genauso wie die »illegalen Immigranten«, die vorgeblich Italien überschwemmten. Die von ihnen bekämpften Eliten waren zu Hause die »antiitalienische Linke« (Meloni), die angeblich den Migranten Vorzüge gegenüber Italienern einräumte. Jenseits der Grenzen hieß der Feind Brüssel oder George Soros, der »skrupellose Spekulant« (Salvini), der »Wucherer« (Meloni), der »Italien und Europa mit Migranten füllen will, der Italien zu einem gigantischen Flüchtlingslager machen will, weil ihm die Sklaven gefallen« (Salvini).

Ein ganz anderes Erlösungs- und Schutzversprechen als Grillo oder Renzi hatte Italiens radikale Rechte damit zu bieten, unter dem Schlachtruf »Prima gli italiani!«, ›Italiener zuerst!‹ – die Abwehr äußerer Feinde, mit deren Neutralisierung Italien erst wieder zu einem prosperierenden Land werden könnte, zu einem Land, das auch seinen krisengeplagten Bürgern wieder wachsenden Wohlstand verhieß. Und Salvini konnte sich nach den Europawahlen 2019 mit seinen 34 Prozent über ein Resultat freuen, von dem eine Marine Le Pen, ein Geert Wilders oder die AfD seinerzeit nicht einmal zu träumen wagten.

Matteo Salvini greift nach der »ganzen Macht« – und scheitert

Von vornherein war die 2018 geschlossene Koalition zwischen Fünf Sternen und Lega eine reine Zweckehe gewesen, doch mit den Europa-Wahlen von 2019 hatten sich die Kräfteverhältnisse zwischen den zwei Partnern radikal umgekehrt. Salvini zog daraus den plausiblen Schluss, das Erstarken seiner Lega umgehend auch in nationalen Wahlen zu kapitalisieren. Schon im August 2019 kündigte er deshalb dem Ministerpräsidenten Conte das Vertrauen, in der Gewissheit, zu schnellen Neuwahlen gebe es politisch keine Alternative. Salvini sagte auch ungeschminkt, worauf er hinauswollte: darauf, dass die Bürger ihm in Neuwahlen die »pieni poteri«, die »gesamte Machtfülle« übertrügen.

Getragen war diese Siegesgewissheit von der Tatsache, dass der gemäßigt linke Partito Democratico und die Fünf Sterne einander in tiefem Hass verbunden waren. Allerdings hatte Salvini nicht in Rechnung gestellt, dass beide Parteien eines wiederum einte: die Furcht vor schnellen Wahlen, die ihnen nur eine Niederlage – und einen Ministerpräsidenten Salvini – bescheren konnte.

Und so war es auf Seiten des Partito Democratico ausgerechnet Matteo Renzi, nurmehr einfacher Senator, aber weiterhin einer der Mächtigen der Partei, der schnell verfügte, eine »institutionelle Regierung« auch unter Einschluss des M5S müsse gebildet werden, um Salvinis Plan zu durchkreuzen. Renzi hatte an unmittelbaren Wahlen schon deshalb kein Interesse, weil er gerade die Abspaltung seines Parteiflügels vom PD vorbereitete – eine Operation, die durch unmittelbare Parlamentswahlen deutlich erschwert worden wäre.

Von womöglich edleren Erwägungen war auf der anderen Seite Beppe Grillo geleitet, der Gründer und Übervater der Fünf Sterne. Auch er befürwortete völlig überraschend eine neue Koalition M5S-PD, mit den Worten, es gelte um jeden Preis, »die neuen Barbaren« unter Salvini zu stoppen. Der Partito Democratico und die Fünf Sterne wurden sich dann überraschend schnell einig und legten eine Regierung auf, in der erneut Giuseppe Conte das Amt des Ministerpräsidenten übernahm.

Salvinis Griff nach der »ganzen Macht« war damit vorerst gescheitert. In den folgenden drei Jahren sollte das Land Regierungen sehen, die das internationale, das europäische Vertrauen erneut konsolidierten. Doch dem ausländischen Blick entging dabei, dass Italiens radikale Rechte seit ihrem Durchbruch bei den Europawahlen 2019 immer stabil einen Konsens von rund 40 Prozent der Wählerschaft beanspruchen konnte, sprich: dass die Eroberung der Macht immer ein realistisches Szenario blieb.

Einem Virus vor allem hatten es die Fünf Sterne ebenso wie die Parteien der Linken und der Mitte zu verdanken, wenn bis zum nächsten Wahltermin – und damit dem Durchmarsch der Rechten – weitere drei Jahre verstrichen. Denn die neue Koalition unter Conte stand Anfang 2020 schon kurz vor dem Auseinanderbrechen, als im Februar das Coronavirus Italien erreichte und schon gegen Ende des Monats Hunderte Infektionen und bald zahlreiche Todesfälle vor allem aus dem Norden des Landes gemeldet wurden. Das Kabinett Conte reagierte schnell und entschlossen, verhängte schon am 10. März einen landesweiten Lockdown, der weit härter ausfiel als in den meisten anderen europäischen Ländern.

Doch so hart die Krisenmaßnahmen auch waren, so breit fiel der gesellschaftliche Konsens aus, der sie trug – mit jedem Pandemiemonat stieg die Popularität der Regierung, vorneweg die des Ministerpräsidenten Conte, der Zustimmungswerte von 60 Prozent erreichte. Dazu trug bei, dass die Regierung schnell großzügige Krisenhilfen auflegte, von umfassenden Regelungen beim Kurzarbeitergeld bis zu Zuschüssen und Kredithilfen für die Unternehmen. Ferner half, dass Conte auf dem europäischen Parkett schnell einen wichtigen Erfolg für Italien verbuchen konnte. Schon im Mai verständigte sich die EU darauf, ein großes Wiederaufbauprogramm für die Nach-Pandemie-Zeit aufzulegen, »NextGenerationEU«, ausgestattet mit 750 Milliarden Euro, von denen allein Italien am Ende rund 194 Milliarden erhielt.

Allerdings setzte sich diese Popularität der Regierung keineswegs in wachsende Zustimmung für die sie tragenden Parteien um. Italiens Wähler blieben zu rund 40 Prozent der radikalen

Rechten treu, die gegen das EU-Wiederaufbauprogramm polemisierte, als »Superschwindel« (Salvini), als »unbefriedigender« Plan (Meloni). In jenen Monaten allerdings bahnte sich innerhalb der Rechten eine Entwicklung an, die noch kurz zuvor niemand vorhergesagt hatte: Melonis Mini-Partei FdI erstarkte von Monat zu Monat in den Meinungsumfragen, während Salvinis Lega langsam, aber konstant Verluste verbuchen musste.

Ein wichtiger Grund dürfte darin auszumachen sein, dass Giorgia Meloni den Ärger der mit dem Lockdown Unzufriedenen, der notleidenden Kleinunternehmer und Selbständigen ungefilterter aufgreifen konnte als Salvini, dessen Lega zwar in Rom auf den Oppositionsbänken saß, zugleich aber mit der Lombardei oder dem Veneto wichtige und zudem von der Pandemie besonders hart betroffene Regionen regierte – und aus diesen Regionalregierungen heraus an den Lockdown-Maßnahmen unmittelbar beteiligt war.

Stabil bei 40 Prozent lagen die beiden radikal rechten Parteien, die in Rom gemeinsam gegen die Regierung Conte opponierten, auch noch im Januar 2021, doch die Gewichte hatten sich dramatisch verschoben, denn die Lega kam in den Umfragen nur noch auf 23 Prozent, während Melonis Fratelli auf 17 Prozent hochgeschossen waren. In jenem Januar stand die Regierung Conte vor dem Aus, nachdem ihr Matteo Renzi –sich in der Zwischenzeit mit seiner Kleinpartei Italia Viva vom Partito Democratico abgespalten – die Unterstützung entzogen hatte.

Und wieder wurden mögliche Neuwahlen aufgeschoben, mit dem Argument, dass sich das Land mitten im Corona-Notstand befinde. Stattdessen kam es zur Bildung einer Fast-Allparteien-Koalition unter dem früheren EZB-Chef Mario Draghi, der nicht nur der Partito Democratico, die Fünf Sterne und Forza Italia, sondern auch Matteo Salvinis Lega angehörten. Nur eine Partei stand beiseite: Fratelli d'Italia. Sie verharrte in der Opposition, um »nordkoreanische Verhältnisse« zu verhindern, erklärte Meloni.

Ungewollt hatte Salvini mit seiner Entscheidung, in die Regierung einzutreten, Giorgia Meloni den roten Teppich ausgerollt. Denn er fand sich in den folgenden 18 Monaten in Kabinetts- und Koalitionsdisziplin eingebunden, in Impfkampagnen und Beschlüsse zur Maskenpflicht, während Meloni ungehindert bei Impf- und Maskengegnern Punkte sammeln konnte, während sie gegen 3G-Regelungen (geimpft, genesen oder getestet) beim Zugang zu Arbeitsplätzen ebenso wie zu Sportcentern oder Restaurants polemisieren konnte: »Wenn du eine Bescheinigung herzeigen musst, um frei zu sein, heißt das, dass du unfrei bist«, dekretierte sie.

Salvini dagegen fand sich in der für einen radikalen Rechtspopulisten mehr als unbequemen Rolle, einerseits als Parteichef immer wieder gegen Draghis Maßnahmen wie die 3G-Regelungen zu polemisieren, sie dann aber am Ende als Koalitionspartner doch im Parlament notgedrungen mitzutragen – und nach knapp einem Jahr der Notstandsregierung Draghi zogen Melonis Fratelli im Dezember 2021 mit gut 20 Prozent erstmals an der Lega (18,4 Prozent) vorbei.

Für Matteo Salvini war diese Entwicklung mit einer bitteren Erkenntnis verbunden. Er hatte seine Chance gehabt, zum Kristallisationspunkt der Hoffnungen vieler Italiener auf einen politischen Neuanfang zu werden, doch im Sommer 2019 hatte er diese Chance verspielt. Ganz ähnlich wie Matteo Renzi war er nicht zu einem neuen Fixstern geworden, sondern entpuppte sich als ein weiterer verglühender Komet, der alle Hoffnungen auf einen strahlenden Wahlsieg seiner Lega begraben musste. Dies änderte jedoch nichts daran, dass die radikale Rechte ihre Hoffnungen als ganze keineswegs begraben musste. Ihre Stärke war weiterhin ungebrochen.

Parlamentswahlen 2022 – die Kandidatin, die Kampagne, der Sieg

Auf den Wahlkampf für den Urnengang am 25. September 2022 hätte Giorgia Meloni eigentlich verzichten können, denn sie stand von vornherein als Siegerin fest, vor allem dank ihrer politischen Gegner aus dem Mitte-links-Lager. Sie alle hatten – gemeinsam mit der Lega und Forza Italia – bis zum Juli 2022 die Notstandsregierung unter Mario Draghi mitgetragen. Ja mehr noch: Insbesondere der Partito Democratico und die Fünf Sterne, die schon vor Draghi unter Ministerpräsident Giuseppe Conte gemeinsam regiert hatten, näherten sich vorsichtig einander an, mit der Perspektive, bei den nächsten Wahlen gemeinsam in einer »progressiven Allianz« anzutreten.

Dann aber hatten sie sich in letzter Minute heillos verkracht. Als im Juli 2022 der mittlerweile zum »politischen Chef« des M5S aufgestiegene Conte dem Regierungschef Draghi das Vertrauen entzog, sah der Partito Democratico – auch er hatte mit Enrico Letta seit 2021 einen neuen Vorsitzenden – darin einen Vertrauensbruch im progressiven Bündnis, und Letta schloss für die anstehenden Wahlen eine Allianz mit den Fünf Sternen kategorisch aus. Als wäre das noch nicht genug, erklärten zwei kleine Mitte-Parteien – Matteo Renzis Italia Viva und Azione –, auch sie würden separat kandidieren, ohne Bündnis mit dem PD, der ihnen »zu links« war.

Gleich doppelt gespalten war so ausgerechnet dasjenige Lager, das der Rechten die Stirn hätte bieten können – einer Rechten, die ihrerseits geeint antrat, mit Melonis Fratelli d'Italia, Salvinis Lega, Berlusconis Forza Italia. Während der Rechtsblock in allen Personenwahlkreisen des Landes nur je einen Kandidaten aufstellte, schickten seine Gegner überall gleich je drei Aspiranten ins Rennen. Damit war es gelaufen, ehe es überhaupt begonnen hatte, denn in den Personalwahlkreisen wurden 37 Prozent der

Mandate vergeben, die in der übergroßen Mehrheit nur an die Rechte fallen konnten.

Schon diese doppelte Spaltung des Mitte-links-Lagers, das sehenden Auges auf seine Niederlage zumarschierte, zeigt schlagend, dass in Italien vor den Wahlen nicht der Hauch eines Klima des politischen Alarms herrschte – so wie später in Frankreich im Juni 2024, als sich binnen weniger Tage die »neue Volksfront« gegen Marine Le Pens Rassemblement National formierte. Gewiss, PD-Chef Letta mochte davor warnen, dass die »rechteste Regierung« seit 1945 drohte, doch er war ja der erste gewesen, der diese Drohung nicht recht ernst zu nehmen schien. Dass eine Postfaschistin beste Chancen hatte, in Rom an die Macht zu gelangen, provozierte weder Massenproteste der Linken oder der Gewerkschaften auf der Straße noch auch nur die kleinsten Einigungsbemühungen zwischen den Kräften links der politischen Mitte.

Dass da eine Postfaschistin sich anschickte, Regierungschefin zu werden, mochte in der Tat ein Novum sein. Ein Novum war auch, dass sich die politische Achse im Bündnis Meloni-Salvini-Berlusconi deutlich nach rechts verschoben hatte angesichts des klaren Übergewichts der radikal rechten Parteien Fratelli d'Italia und Lega. Seit 1994 hatten immer wieder Minister der Lega und der Fratelli d'Italia bei Berlusconi mit am Kabinettstisch gesessen. Umgab nicht auch sie deshalb eine Aura der Normalität?

Giorgia Meloni gab ihr Bestes, um diese Aura der Normalität für ihre Person zu nähren. Sie präsentierte sich als Frau aus dem Volk, als Politikerin von nebenan, die angetreten war, um endlich den einfachen Leuten eine Stimme zu verleihen. Gut ein Jahr vor den Wahlen hatte sie mit ihrer Autobiographie »Io sono Giorgia« (»Ich bin Giorgia«) einen verlegerischen Erfolg feiern können, mit einer verkauften Auflage von rund 170.000 Exemplaren.

Rührend ist die Geschichte, die sie dort erzählt. Die Familie – ihre Mutter, sie selbst, die zwei Jahre ältere Schwester Arianna – wird vom Vater (einem Linken!) sitzengelassen, als sie noch ein Kleinkind ist: Die Mutter bringt die drei als Autorin von Groschenromanen durch. Doch dann brennt auch noch die Wohnung ab, weil Giorgia und Arianna im Kinderzimmer mit Kerzen gespielt haben, »wir standen von einer auf die andere Minute auf der Straße, allein, ohne ein Dach über dem Kopf«.

Ganz so war es nicht. Die späteren Käufer der angeblich abgebrannten Wohnung berichteten der italienischen Zeitung *Domani*, »nur ein Fenster« habe bei dem Brand Schaden genommen, und Melonis Mutter verkaufte die Immobilie mit einem ordentlichen Gewinn, um dann eine neue Wohnung im römischen Volksviertel Garbatella zu erwerben.

Mit dem gleichen melodramatischen Ton – ganz im Stil der mütterlichen Groschenromane – bilanziert Meloni ihre Bildungskarriere. Sie legte ihr Abitur im sprachlichen Zweig einer Fachoberschule für Tourismus ab, mit hervorragenden Noten (und in der Tat spricht Meloni sehr gut Englisch, Französisch und Spanisch) in allen Fächern, außer in Deutsch: »Ich habe versucht, Deutsch zu lernen, aber ich habe es nicht geschafft. Ich bin auch in den Büchern gegen Deutschland allergisch.«

Nach dem Abitur verzichtet sie auf ein Universitätsstudium, da – so ihre Version – zu Hause das Geld nicht reichte. Sie habe jedweden Job angenommen, als Babysitterin, als Putzfrau, als Barista, als Verkäuferin am Marktstand oder als Garderobenfrau. Zugleich aber berichtet sie, vorwiegend abends oder am Sonntag gearbeitet zu haben, um Zeit für ihre politischen Aktivitäten zu finden. Das kommt der Wahrheit schon näher. Denn ganz wie Matteo Salvini, der schon mit 20 Jahren Stadtrat von Mailand geworden war (und sein Studium nie abschließen sollte), war auch sie in ganz jungen Jahren Vollzeitpolitikerin geworden, zog 1998 mit 21 Jahren in den Rat der Provinz Rom ein, hatte schon damals auch nationale Führungsaufgaben in der Parteijugend der postfaschistischen Alleanza Nazionale (AN).

Doch die Geschichten von der abgebrannten Wohnung, vom nicht möglichen Studium sind nicht bloß anrührend – sie unterfüttern vor allem die Erzählung vom elitenfernen Underdog, der sich durchgebissen hat, völlig ohne Kontakte ins Establishment, »die zählen« – als sei die schon früh eingenommene Führungsposition in einer Partei wie Alleanza Nazionale, die bei den Provinzwahlen in Rom im Jahr 1998 ganze 31 Prozent holte und daraufhin die Provinzregierung stellte, kein Kontakt, der zählt.

In der Tat hat Meloni sich durchgebissen, vor allem aber in der eigenen Partei. Dort fiel sie durch Entschlossenheit, Einsatzbereitschaft, fehlende Konfliktscheu auf, und schon mit 24 Jahren wird die Provinzrätin auch nationale kommissarische Chefin der AN-Jugendorganisation Azione Giovani, mit 29 Jahren dann Parlamentsabgeordnete und nur zwei Jahre später Ministerin für Jugend in der Regierung Berlusconi.

Doch nicht nur großes Engagement, sondern ebenso große Prinzipientreue durfte – und darf – die Politikerin für sich beanspruchen. In ihrer Autobiographie behauptet sie, »nostalgische Folklore« rund um den Faschismus sei ihr und ihren damaligen (wie heutigen) Mitstreitern immer fremd gewesen. Doch noch im Jahr 1996 feierte sie in einem französischen TV-Interview Benito Mussolini als »guten Politiker«, der »alles was er getan hat, für Italien getan« hat, mithin gelte: »Es gab in den letzten 50 Jahren keinen Politiker wie ihn.«

Solche Töne gehören der Vergangenheit an, aber auch in der Gegenwart gilt: »Die Werte bleiben unverändert«, Werte, die Meloni selbst im Dreiklang »Gott, Vaterland, Familie« zusammenfasst. Gegen das »Desaster von 68«, gegen die »ideologische Linke«, gegen den »Globalismus« stellt Meloni vorneweg die Verteidigung des italienischen Vaterlands, die Verteidigung der »Identität der Italiener« (die sie bitteschön »ethnisch«, nicht »rassisch« verstanden sehen möchte) gegen die dunklen Bedrohungen von außen durch chinesische Waren ebenso wie durch afrikanische Migranten, und natürlich gegen eine vaterlandslose Linke, die die »tiefverwurzelten Identitäten beseitigen möchte«.

Der Ort, an dem sich diese Identität formt, ist die Familie, »der grundlegende gesellschaftliche Nukleus«. In dieser konservativen, ja reaktionären Weltsicht ist für das Individuum, für den Geist der Aufklärung kein Raum, ebenso wenig wie für individuelle Lebensentwürfe, für so schreckliche Dinge wie »Regenbogenfamilien« etwa oder für »Gender-Wahnsinn«. Nein, es gilt die Vater-Mutter-Kinder-Familie, und es gilt auch für Meloni – obwohl sie den Vater ihrer 2016 geborenen Tochter nicht ehelichte und ihn schließlich im Jahr 2023 aus dem Haus warf – das moralische Gerüst des Katholizismus. Eines Katholizismus allerdings, der für sie von den Päpsten Wojtyla und Ratzinger verkörpert wird, während sie zugleich eingesteht, dass »ich Papst Franziskus nicht immer verstanden habe«. Ihr Katholizismus hat mit Migranten und ihren Rechten zum Beispiel nichts am Hut; stattdessen erregt sie sich darüber, dass »konservative Regierungen wie die Ungarns oder Polens kriminalisiert werden, weil sie ihrer eigenen nationalen und christlichen Identität gegenüber kohärent bleiben«.

Giorgia Meloni konnte sich darauf verlassen, dass der von ihr gepredigte Geist des »Patriotismus« von ihrer Partei Fratelli d'Italia komplett mitgetragen wurde, ja mehr noch, dass sie sich darauf verlassen konnte, hinter sich eine Mannschaft zu haben, die seit den 1990er-Jahren eine verschworene Gemeinschaft im Kampf gegen die Zumutungen der die italienische Identität zersetzenden Moderne, der Linken, der Globalisten, der Prediger der Political Correctness bildete. »Da war auch eine menschliche Dimension, die über die Politik hinausging. Denn wenn du die ›Revolution‹ teilst, teilst du alles. Von dort stammt ein Großteil der Anführer der Fratelli d'Italia«, weiß Meloni über die heroischen Zeiten ihrer Jugend zu berichten.

Doch im Wahlkampf des Sommers 2022 behelligte die klare Favoritin die Bürger weder mit der Vergangenheit der Postfaschisten noch mit den Doktrinen, die sie zusammenhielten. Ihr Hauptaugenmerk galt den konkreten Zumutungen, mit denen die Wähler zu kämpfen hatten. Zu der seit Jahren anhaltenden chronischen Krise des Landes waren zunächst die Corona-Pandemie, dann Russlands Angriff auf die Ukraine, die explodierenden Energiepreise und die galoppierende Inflation hinzu gekommen. Ein in seinem Pessimismus weiter bestärktes Land schritt da an die Urnen; rund 55 Prozent erwarteten laut Meinungsumfragen eine weitere Verschlechterung der ökonomischen Situation Italiens, und mehr als 50 Prozent äußerten sich unzufrieden über ihre persönliche wirtschaftliche Lage, während 76 Prozent Furcht vor den Folgen der Inflation bekundeten. Auf einem Tiefpunkt war zugleich das Vertrauen in die Politik angekommen: Rund 65 Prozent sahen die politische Klasse Italiens nicht für die Herausforderungen der Zukunft gerüstet.

In dieser Situation setzte Meloni keineswegs darauf, den Wählern das Blaue vom Himmel herunter zu versprechen. Stattdessen gab sie bei ihren Wahlkampfauftritten die seriöse Populistin, die sich der Handlungszwänge einer Regierung völlig bewusst sei. Immer wieder insistierte sie, Italien werde seine internationalen Verpflichtungen einhalten und die europäischen Verträge respektieren.

Einige Versprechen hatte sie aber durchaus zu bieten. Ganz oben stand die Migrantenabwehr, ein Thema, das ihr auf den Kundgebungen regelmäßig großen Beifall eintrug. Zudem verkündete Meloni, einmal an die Regierung gelangt, werde sie umgehend die von den Fünf Sternen eingeführte Grundsicherung wieder abschaffen, denn es gehe einfach nicht an, dass der Staat junge Menschen alimentiere, damit die es sich »auf dem Sofa« bequem machten, statt arbeiten zu gehen. Daneben verkündete sie eine eher wirtschaftsliberale Sicht der Dinge. »Der Staat schafft keinen Reichtum«, erklärte Meloni immer wieder, seine Aufgabe sei es deshalb, »die, die produzieren, nicht zu stören«. Der Liberalismus hatte allerdings seine Grenzen, wenn es um die korporativen Interessen bestimmter Gruppen der Selbstständigen ging. Zum Beispiel den »balneari«. Den Betreibern der Strandlidos versprach sie, gegen das Ansinnen der EU vorzugehen, ihre Lizenzen auf dem Markt auszuschreiben. Damit werde »multinationalen

Unternehmen« das Tor zu Italiens Stränden geöffnet, wetterte Meloni – unterschlug aber die Tatsache, dass der Staat mit Konzessionen, die zu niedrigen Tarifen vergeben worden waren, den Lidobetreibern erlaubte, ungehindert lukrative Geschäfte zu machen. Ähnlich unbeugsam gab Meloni sich, wenn es um die Lizenzen der Taxifahrer oder die der fahrenden Markthändler ging, denen sauer aufstieß, dass die EU auch ihre Konzessionen ausschreiben wollte. Meloni setzte damit das klare Zeichen, dass sich ihre Fratelli d'Italia vor allem als Vertretung des großen Heeres der Selbstständigen und Kleinunternehmer sah.

Jenseits ihrer konkreten Versprechen war Giorgia Meloni jedoch selbst das Versprechen, das zog. Immer wieder war von den Besuchern ihrer Kundgebungen ein Wort zu hören, wenn sie auf die Kandidatin zu sprechen kam: Sie sei »kohärent« geblieben, habe immer gegen die Regierungen in Rom opponiert. In der Tat hatte FdI seit Gründung der Partei im Jahr 2012 ununterbrochen die Oppositionsbänke gedrückt, anders als der Partito Democratico, der seit 2013 mit einem Jahr Pause in allen Kabinetten vertreten gewesen war, obwohl er keine Wahl gewonnen hatte, und auch anders als die Fünf Sterne, die seit 2018 mitregierten, anders aber auch als Melonis Allianzpartner Lega oder Forza Italia, die zuletzt unter Ministerpräsident Draghi am Regierungstisch saßen.

Meloni dagegen war »kohärent« und unverbraucht, sie wurde zum idealen Kristallisationspunkt für die Hoffnungen auf eine Wende in der italienischen Misere. Gewiss, zu ihren Kundgebungen kamen gestandene alte Anhänger, die bekannten, immer schon postfaschistisch gewählt zu haben. Zu finden waren aber auch Bürger, die ohne Umschweife erklärten, noch 2018 hätten sie bei den Fünf Sternen ihr Kreuz gemacht, diesmal aber habe Meloni »eine Chance verdient«.

Melonis Wahlsieg fiel ebenso klar wie erwartet aus. Die Fratelli d'Italia erhielten 26 Prozent der Stimmen und waren damit eindeutig die Kraft, die die Rechte dominierte, denn Salvinis Lega musste sich mit 8,8 Prozent bescheiden und Forza Italia erreichte nur 8,1 Prozent. Doch der Sieg, so klar er sein mochte, war keineswegs ein Durchmarsch: Insgesamt kam die Rechtsallianz auf knapp 44 Prozent – und gewann vor allem dank des gespaltenen Mitte-links-Lagers, dessen Parteien insgesamt gut 49 Prozent verbuchen konnten. Angesichts der Zerwürfnisse im anderen politischen Lager durfte sich die Rechte über 121 der 146 Direktmandate im Abgeordnetenhaus freuen und konnte sowohl im Abgeordnetenhaus als auch im Senat rund 60 Prozent der Sitze erobern. Noch am Wahlabend stand deshalb fest: Giorgia Meloni wird Italiens neue Ministerpräsidentin.

Vierter Teil: Meloni an der Macht – eine Frau hält Wort

Kapitel 11: Die Außen- und Europapolitik

»Bereit, Italien wieder aufzurichten« – so hatte es auf den Plakaten von Melonis Fratelli d'Italia im Wahlkampf geheißen. Die Wahlen hatten ihr ein klares Mandat gegeben. Mit rund 60 Prozent der Parlamentsmandate gelang es ohne große Mühen, innerhalb eines Monats eine Koalition zwischen FdI, Lega und Forza Italia zu schmieden, und am 22. Oktober 2022 legten die neue Ministerpräsidentin und ihre Minister vor dem Staatspräsidenten den Amtseid ab.

Italien wieder aufrichten – dies hieß in den Augen der postfaschistischen Politikerin vor allem, dem Land in Europa und der Welt wieder jenen Respekt zu verschaffen, der ihm, so Meloni, gebühre, aber dank allzu willfähriger Vorgängerregierungen, die sich vom Ausland zu viel gefallen ließen, über Jahre versagt worden sei. Jenes Verlangen nach Respekt stieß quer durch Europa auf große Sorge. Drohte mit dem Erfolg der italienischen Rechten jetzt erstmals in einem westeuropäischen Land eine offen rechtspopulistische Regierung, wie man sie bis dato nur aus Polen, Ungarn oder der Slowakei kannte? Eine Regierung, die womöglich auch den vorherrschenden außen- und europapolitischen Konsens in der EU aufkündigen könnte? Die Frage war nicht unberechtigt , da sich die Fratelli d'Italia ebenso wie die Lega und Berlusconi in der Russlandpolitik und auf dem Feld der europäischen Integration über Jahre hinweg recht eindeutig positioniert hatten.

Zwei Putin-Freunde, eine Putin-Sympathisantin: Dies war auf den ersten Blick das Tableau, als im Oktober 2022 – acht Monate nach Beginn des russischen Angriffs auf die Ukraine – die Rechte in Rom die Macht übernahm. Seitdem er im Jahr 2001 Ministerpräsident geworden war, pflegte Berlusconi engste Beziehungen zum russischen Staatschef, ja mehr als das. Die beiden verband – auch als Berlusconi nicht mehr Regierungschef war – eine enge persönliche Freundschaft, mit gegenseitigen Besuchen in Berlusconis Anwesen auf Sardinien genauso wie in Putins Villa in Sotschi. Und im Jahr 2015 fuhr Berlusconi ohne Bedenken zu einem Treffen mit Putin auf die ein Jahr zuvor durch die Russische Föderation annektierte Krim und sprach sich anschließend für ein Ende der über Russland verhängten Sanktionen aus. Ja selbst im Oktober 2022, kurz vor der Bildung der Regierung Meloni, erklärte Berlusconi noch auf einer Sitzung der Parlamentsfraktionen seiner Forza Italia, der wirklich Verantwortliche für den Ukrainekrieg sei Volodimir Selenski.

Große Nähe zu Putin und dessen Partei Einiges Russland hatte über die Jahre auch Matteo Salvinis Lega gezeigt. 2017, drei Jahre nach der Annexion der Krim, hatte die Lega ein Kooperationsabkommen mit Einiges Russland unterzeichnet und dies damit begründet – so die Worte Salvinis –, dass »die Parteien die gleichen identitären Ideen teilen«. Für Salvini war Putin »einer der besten regierenden Männer auf der Erde«.

Auch Giorgia Meloni hatte in ihrer Vergangenheit immer wieder Sympathien für Putin durchblicken lassen, sich 2016 gegen die Stationierung von NATO-Truppen in Lettland ausgesprochen, dann 2017 dem US-Präsidenten Barack Obama vorgeworfen, er entfessele »einen neuen Kalten Krieg gegen Russland«, und »das Ende aller Sanktionen gegen die Russische Föderation« gefordert.

Doch schon seit dem Februar 2022 hatte Meloni die FdI völlig neu positioniert, fest an der Seite der Ukraine, fest an der Seite auch der italienischen Regierung unter Mario Draghi, die den Ukraine-Kurs von NATO und EU mit Waffenlieferungen und Sanktionen gegen Russland mittrug. Und als sie zum Regierungsantritt die programmatischen Linien der Regierung darlegte, war sie ebenso knapp wie eindeutig: »Italien wird weiterhin ein zuverlässiger Partner in der Atlantischen Allianz bleiben, beginnend mit der Unterstützung des tapferen ukrainischen Volkes, das sich der Invasion der Russischen Föderation widersetzt«.

Damit waren auch die Zweifel ausgeräumt, die beiden Koalitionspartner Salvini und Berlusconi könnten womöglich die Achse der italienischen Ukrainepolitik verschieben. Unter Meloni trug Italien weiter alle in NATO und EU vereinbarten Politiken gegen Russland mit, setzte es seine Waffenlieferungen an die Ukraine ungebrochen fort. Meloni selbst pflegte und pflegt ein äußerst herzliches Verhältnis zum ukrainischen Präsidenten Selenski.

Dies wiederum öffnete ihr – die nur wenige Jahre zuvor aus ihrer Nähe zu Donald Trump und ihrer Distanz zu den US-Demokraten nie ein Hehl gemacht hatte – auch die Türen bei US-Präsident Joe Biden. Vertraulich hielt Biden schon auf dem G7-Gipfel in Hiroshima im Mai 2023 Melonis Hand, und nach ihrem Besuch im Oval Office im Juli des gleichen Jahres zitierte Meloni den US-Präsidenten mit den Worten, »das erste Mal, als ich dich gesehen habe, schien es mir, als ob ich dich schon seit Langem kenne würde«, und ergänzte, »ich habe mich nicht als Aschenputtel gefühlt«. In der Tat waren seit ihrem Amtsantritt im Oktober 2022 keinerlei Verstimmungen mit der Biden-Administration oder der NATO zu vermelden.

Als zweites kritisches außenpolitisches Feld der Regierung Meloni darf die EU gelten. Noch im Jahr 2021 hatte Meloni in ihrer Autobiographie gegen Brüssel gegiftet, es sei »ein Spielplatz von Technokraten und Bankiers, die es sich auf dem Rücken der Völker gut gehen lassen«, und nachgesetzt, »dieses ›falsche Europa‹, heute verkörpert von den gemeinsamen Institutionen der EU, ist utopisch und potenziell tyrannisch«. In bester rechtspopulistischer Manier befand sie an gleicher Stelle, »die aktuelle Europäische Union« sei »eine undefinierte Entität in den Händen obskurer Bürokraten, die über die nationalen Identitäten hinweggehen, ja sie sogar auslöschen will«.

Gebrochen war auch ihr Verhältnis zum Euro. Noch im Jahr 2014 hatte Fratelli d'Italia dessen Abwicklung gefordert, im Jahr 2019 war die postfaschistische Partei dann für Kompensationen zugunsten jener Länder – wie Italien – eingetreten, die durch den Euro geschädigt worden seien.

Doch auch auf diesem Feld hatte Meloni erst im Wahlkampf und dann in ihrer Regierungserklärung eine Frontbegradigung vorgenommen. Italien gehe es unter ihrer Führung nicht darum, »die europäische Integration zu bremsen oder zu sabotieren, sondern dazu beizutragen, sie auf eine größere Effizienz in Antwort auf die Krisen und die externen Bedrohungen auszurichten«. Und sie nun und fügte hinzu, »diese Regierung wird die aktuell gültigen Regeln respektieren und zugleich ihren Beitrag dazu leisten, jene Regeln zu ändern, die nicht funktioniert haben, beginnend bei der gegenwärtig laufenden Debatte über die Reform des Stabilitäts- und Wachstumspakts«.

An diese Linie sollte sich Meloni seitdem weitgehend halten. Jedenfalls fiel Italien unter ihrer Führung nicht dadurch auf, dass es etwa seine Haushaltspolitik im Dissens mit der EU-Kommission verfolgt hätte. Und auch auf dem Feld der Umsetzung des NextGenerationEU-Programms – das Italien in den Jahren von 2021 bis 2026 die Summe von 194 Milliarden Euro zuweist – blieb der Dialog mit der Kommission ungebrochen.

Einen Ausreißer stellt lediglich Italiens bisherige Weigerung dar, im Parlament die Reform des Europäischen Stabilitäts-Mechanismus – die auch den Weg zu einer Bankenunion öffnen würde – zu ratifizieren: Ausgerechnet die Regierungsparteien verweigerten im Dezember 2023 der Ratifizierung ihre Zustimmung.

Selbst diese aus EU-Sicht einigermaßen unerfreuliche Episode änderte aber nichts daran, dass es Meloni gelang, in der Union nicht bloß dabei zu sein, sondern wenigstens auf dem Feld der

Flüchtlingspolitik zu einer Protagonistin zu werden, dank der strategischen Partnerschaft, die sie mit der Kommissionspräsidentin Ursula von der Leyen einging.

Im Wahlkampf hatte Meloni ihrer rechten Wählerschaft versprochen, die Zahl der Flüchtlingsankünfte deutlich zu reduzieren, musste jedoch im Jahr 2023 mit der Tatsache leben, dass mit rund 157.000 Menschen so viele übers Mittelmeer kamen wie seit 2016 nicht mehr. Meloni reagierte mit einem Konzept, dass auf die Einbindung jener Staaten – vorneweg Tunesiens – abzielte, aus denen die Migranten sich auf den Weg nach Norden machten.

Und sie konnte hier schnell auf eine stabile Zusammenarbeit mit von der Leyen zählen. Eigentlich hätte diese geradezu als Symbolfigur jener »obskuren Bürokraten« gelten müssen, über die Meloni sich noch in ihrer Autobiographie echauffiert hatte. Doch als von der Leyen im Januar 2023 zum bilateralen Gipfel mit Meloni nach Rom anreiste, gab es statt Spannungen freundliche Umarmungen. Die beiden Frauen strahlten um die Wette, die Kommissionspräsidentin teilte per Tweet mit, es sei einfach »ein Vergnügen, Giorgia Meloni zu treffen«, und die erwiderte, die Begegnung sei eine »sehr gute Gelegenheit für einen Meinungsaustausch« gewesen.

In der Folge sollten die beiden einander in enger Taktung immer wieder treffen, ja auch gemeinsam auf Reisen gehen. Im Juni und gleich darauf im Juli 2023 flogen Meloni und von der Leyen – beide Male begleitet vom niederländischen Premier Mark Rutte – nach Tunis, um mit dem tunesischen Präsidenten Kais Saied darüber zu verhandeln, wie der, im Interesse Europas ebenso wie Italiens, die Flüchtlinge an der Fahrt übers Mittelmeer hindern könne. An der Beteiligung von der Leyens war Meloni schon deshalb gelegen, weil sie die Zusage von EU-Geldern an Tunesien brauchte, um die von ihr gewollte Vereinbarung mit Kais Saied zu treffen.

In der Sache waren sich die beiden Frauen einig, genauso wie im März 2024, als die zwei sich in gleicher Mission nach Kairo aufmachten. Statt in Europa abseits zu stehen, war Meloni mitten drin, Schulter an Schulter mit von der Leyen. Von der gab es dann auch ein großes Kompliment, als die italienische Regierung mit Albanien die Errichtung zweier italienischer Flüchtlingslager auf albanischem Boden aushandelte. Das sei »ein Modell« für Europa, freute sich die Kommissionspräsidentin.

Jenes Abkommen kommt der von Großbritannien bis zum Labour-Wahlsieg im Juli 2024 verfolgten »ruandischen Lösung« nahe: In Zukunft will Italien im Mittelmeer aufgegriffene Flüchtlinge – sofern sie aus »sicheren Herkunftsstaaten« stammen – direkt nach Albanien schaffen lassen, um dort ihre Registrierung, ihre Asylverfahren und ihre Abschiebung zurück in die Herkunftsstaaten abzuwickeln. Meloni darf für sich beanspruchen, dass dieser Ansatz mittlerweile für viele in der EU trotz der enormen Kosten, trotz der menschenrechtlichen Bedenken als vorbildhaft gilt. Zuletzt jedenfalls sprach auch der bayrische Ministerpräsident Markus Söder nach einem Besuch bei Italiens Ministerpräsidentin von der albanischen Lösung als »Modell«.

Als »strategische Partnerschaft« konnte man das Zusammengehen von Meloni und von der Leyen jedoch auch über das Feld der Flüchtlingspolitik hinaus bezeichnen. Während es von der Leyen erkennbar darum ging, die Chancen auf ihre Wiederwahl als EU-Kommissionspräsidentin zu erhöhen, war es Melonis Ehrgeiz, die italienische Regierung und die Fratelli d'Italia zum zentralen Player bei der Wahl der nächsten Kommission zu machen.

Nicht umsonst hieß Melonis Slogan im Europawahlkampf (in dem sie als Spitzenkandidatin antrat, auch wenn sie nicht ernsthaft vorhatte, ein Mandat im Europaparlament anzunehmen) »l'Italia cambia l'Europa«, »Italien verändert Europa«. Und der erste Wandel, auf den sie offen zielte, war eine neue Mehrheit im Straßburger Parlament unter Ausschluss der Linken »wie in Italien«, sprich eine Mehrheit aus Europäischer Volkspartei, Europäischen Konservativen und Reformern und der Fraktion Identität und Demokratie. Genauso wie ihre römischen Koalitionspartner von Lega und Forza Italia forderte sie zudem eine Abkehr vom Green Deal, einen Verzicht auf den Ausstieg aus dem Verbrennermotor, die ökologische Gebäudesanierung und härtere Umweltnormen für die Landwirtschaft.

Mit ihrem Vorstoß, die Achse im Europaparlament bei der Wiederwahl von der Leyens im Juli 2024 nach rechts zu verschieben, scheiterte Meloni jedoch völlig. Die alte und neue Kommissionspräsidentin erhielt nicht nur die Stimmen der Europäischen Volkspartei, der Sozialisten und Demokraten und der Liberalen, sondern auch der Grünen, während das Gros der radikal rechten Fraktionen – und auch Melonis 24 FdI-Abgeordnete – mit Nein votierten, mit dem Argument, dass von der Leyen keine Abstriche beim Green Deal vorgenommen und die Unterstützung der Sozialisten und Grünen gesucht habe statt nach rechts zu öffnen. Dennoch setzte sie ihre Spagat-Politik fort, mit der sie sich weiterhin von der harten Konfrontationslinie einer Marine Le Pen absetzt, und erklärte nach von der Leyens Wahl, an der »konstruktiven Beziehung« der italienischen Regierung zur EU-Kommission werde sich nichts ändern.

Damit wurde deutlich, dass es Meloni nicht gelang, Italien nach der Europawahl wie versprochen größeres Gewicht in Brüssel zu verschaffen oder gar »Europa zu ändern«. Sicher ist aber auch, dass Meloni es auf dem Feld der Außen- und Europapolitik dennoch geschafft hat, entgegen vielen Vorhersagen einer Isolation in EU und NATO zu entgehen, ja dass sie es auch zu vermeiden geschafft hat, in einem Atemzug mit Viktor Orbán oder der polnischen PiS genannt zu werden. Allerdings ist keineswegs ausgemacht, ob dahinter eine auf Dauer angelegte strategische Wende oder ein temporäres taktisches Zugeständnis steht.

Selbstverständlich bleibt eine weitere, für Meloni alles andere als zweitrangige Variable bis zum November 2024 noch offen: der Ausgang der US-Präsidentschaftswahlen. Aus ihrer Nähe zu den Republikanern hatte Meloni nie ein Geheimnis gemacht. Auch Trumps früheren Chefstrategen Steve Bannon hatte sie zum Beispiel im Jahr 2018 als Redner zu einer großen FdI-Veranstaltung in Rom eingeladen. Im US-Wahlkampf 2020 hatte sie sich einen »Trump-Sieg zugunsten der Interessen Italiens« gewünscht und gesagt, sie teile mit ihm den »Stolz, die eigene Identität zu beanspruchen und zu verteidigen«, beginnend bei dem Dreiklang »Gott, Vaterland, Familie«.

Welchen Weg Melonis Italien in Zukunft in der Außenpolitik einschlagen wird, ist keineswegs ausgemacht. Sicher ist nur, dass ihr Kurs bisher von vorsichtigem Realismus geprägt war, dass angesichts des Bildes unfallfreier Normalität, das Meloni in der Außenpolitik abgab, die besorgten Stimmen schnell verstummten, die jenseits der italienischen Grenzen nach ihrer Wahl im Jahr 2022 zu vernehmen waren. Zugleich gilt, dass Meloni keinerlei Korrekturen an der Ideologie ihrer Partei vorgenommen hat. Ihr Realismus kann deshalb auch in völlig andere Richtungen führen, sobald es – etwa mit einem Sieg Trumps – zu einer deutlichen Verschiebung der für Italien relevanten außenpolitischen Koordinaten kommt.

Kapitel 12: Migrantenabwehr zwischen Realität und Fiktion

»Wenn Mauern nötig sind, werden Mauern errichtet, wenn Seeblockaden nötig sind, werden Seeblockaden durchgeführt«. Auf dem Feld der Migrationspolitik hatte Giorgia Meloni seit Jahren schon den Kurs der rigiden Abwehr von »illegalen Einwanderern« gepredigt. Einmal an der Regierung, nahm sie den Kampf sofort auf.

Nahtlos knüpfte sie auf dem Feld an jene Politik an, die 2018 und 2019 schon Lega-Chef Matteo Salvini als damaliger Innenminister verfolgt hatte. Unter Meloni wäre Salvini gerne ins Innenministerium zurückgekehrt, doch die neue Ministerpräsidentin verweigerte ihm das Ressort, nicht etwa weil sie den rüden Kurs Salvinis fürchtete, sondern weil sie verhindern wollte, dass er das Amt erneut nutzen würde, um vorneweg für sich selbst Propaganda zu machen als scharfer Hund gegen die Migranten. Doch schon in der Auswahl des Ministers wurde die Kontinuität zu Salvinis Kurs überdeutlich: Dessen früherer Kabinettschef im Ministerium, der Karrierebeamte Matteo Piantedosi, wurde nun Innenminister.

Und kaum hatte er das Amt übernommen, ging der alte Kleinkrieg gegen die in der Seenotrettung aktiven NGOs wieder los, mussten ihre Schiffe immer wieder wochenlang mit Hunderten Flüchtlingen an Bord vor italienischen Häfen ausharren, bis ihnen endlich die Einfahrt gewährt wurde. Ein unter französischer Flagge fahrendes Schiff mit über 200 Flüchtlingen an Bord sah sich nach fast dreiwöchigem zermürbendem Warten gezwungen, den französischen Hafen Toulon anzusteuern.

Der Fall handelte Meloni jedoch sofort eine veritable diplomatische Krise mit der Regierung Frankreichs ein, die sich über Italiens »unverständliche Position« beschwerte und umgehend die Grenzkontrollen zwischen beiden Ländern intensivierte, um den

Übertritt von in Italien angelandeten Migranten nach Frankreich zu unterbinden. Und ganz wie auf dem Feld der Außenpolitik demonstrierte Meloni erneut, dass sie – anders als etwa Salvini – auf pragmatische Lösungen zu setzen wusste, ohne doch im Kern ihren Kurs zu revidieren.

Und so war schon nach wenigen Wochen Schluss mit den »geschlossenen Häfen«. Von einem Tag auf den anderen durften die NGOs wieder ohne jede Wartezeit italienische Ziele anfahren. Doch Meloni hatte sich mitnichten eines Besseren besonnen. Sie setzte den alten Schikanekurs gegen die Seenotretter mit neuen Mitteln fort. Mit einem Dekret verfügte die Regierung neue Regeln, nach denen erstens die NGO-Schiffe nur je eine Rettungsaktion durchführen durften, ehe sie die Menschen an Land brachte, und zweitens, dass die Schiffe nur den ihnen von den Behörden zugewiesenen Hafen ansteuern durften.

Das hieß, dass auch große Schiffe oft mit nur 30 oder 40 Flüchtlingen an Bord Italien ansteuern mussten, während sie traditionell in der Regel mehrere Rettungsaktionen in der Straße von Sizilien durchgeführt hatten und dann mit Hunderten Geretteten an Bord Kurs auf Italien nahmen. Doch auch dieser Kurs hatte sich völlig verändert. Galt vorher, dass die Schiffe sizilianische Häfen wie Catania oder Pozzallo zum Ziel hatten, so wurden ihnen nun regelmäßig Häfen weit im Norden Italiens zugewiesen, wurden Livorno, La Spezia, Ravenna oder Ancona zu ihren Reisezielen.

Damit waren Strecken von 900 oder 1.000 Seemeilen zurückzulegen, mit Fahrtzeiten von vier Tagen hin, vier Tagen zurück. Auch so ließen die NGO-Schiffe sich neutralisieren, konnte man ihren Betreibern zugleich hohe Treibstoffkosten aufbürden. Und für jene Seenotretter, die sich an die beiden neuen Regeln – nur ein Einsatz, dann eine lange Reise nach Norden – nicht hielten, griff eine dritte Regel. Sie konnten mit Geldbußen bis zu 50.000 Euro belegt werden, und zugleich riskierten sie, dass ihre Schiffe für bis zu 20 Tage an die Kette gelegt wurden.

Denn wie schon zu Salvinis Zeiten tat auch die Regierung Meloni so, als seien die NGOs das eigentliche Problem. Innenminister Piantedosi beschuldigte sie, mit ihren Einsätzen auf hoher See als »Pull factor« zu wirken, die Migranten anzuziehen, sie überhaupt erst auf die Idee zu bringen, die riskante Überfahrt zu wagen. Schon die damaligen Zahlen zeigten, dass er damit einer Fiktion anhing. Ihm Jahr 2022 waren etwa 105.000 Menschen auf dem Seeweg von Nordafrika nach Italien gelangt – doch weniger als 15 Prozent von ihnen waren am Ende von NGO-Schiffen an Bord genommen worden, während der große Rest entweder aus eigener Kraft Italien erreichte oder von Schiffen des Staats, der Küstenwache, der Finanzpolizei oder der Marine, gerettet wurde.

Wie sehr die rechte Regierung hier falsch lag, sollten die deutlich steigenden Ankunftszahlen 2023 zeigen; am Jahresende waren gut 157.000 Menschen auf dem Seeweg nach Italien gelangt, während sich die NGO-Einsätze deutlich reduziert hatten und nur noch 7 bis 8 Prozent der Flüchtlinge von privaten Seenotrettungsschiffen nach Italien gebracht wurden. Der Anstieg verdankte sich auch der Tatsache, dass eine deutlich wachsende Zahl von Tunesien aus in See stach, oft auf kleinen Metallbooten, die höhst unsicher waren. Denn Tunesiens Präsident Kais Saied hatte im Februar 2023 eine Hetzkampagne gegen Immigranten aus Schwarzafrika losgetreten, die er für die Krise seines Landes verantwortlich machte, ja denen er die dunkle Absicht unterstellte, die arabische Bevölkerung Tunesiens zu verdrängen. Pogrome in diversen tunesischen Städten waren die Folge – und eine deutlich steigende Zahl von Schwarzafrikanern, die sich auf den Weg nach Italien machten.

Ausgerechnet derjenige aber, der die Migranten auf die Boote trieb, wurde zu Melonis Partner im Dialog über die Flüchtlingsabwehr und erhielt dank ihres Einsatzes Finanzierungszusagen der EU über 255 Millionen Euro, während Italien die Lieferung von sechs Patrouillenbooten an die tunesische Küstenwache zwecks Flüchtlingsabwehr in Aussicht stellte. Dass Saied zugleich Hunderte Schwarzafrikaner an der Grenze zu Libyen aussetzen ließ oder das schockierende Bild einer Frau, die zusammen mit ihrer kleinen Tochter in der Wüste verdurstet war, konnte Meloni von ihrem Kooperationskurs mit Tunesien nicht abbringen.

Dennoch war Italiens Ministerpräsidentin mit dem Paradox konfrontiert, dass ausgerechnet unter ihrer Regierung die Zahl der Migrantenankünfte weiter gestiegen war, obwohl sie doch den völligen »Stopp der illegalen Einwanderung« versprochen hatte. Dennoch hielt Meloni auf ihre Weise Wort gegenüber den Wählern, blieb sie doch unbeirrt auf ihrem Kurs. Auf einem Kurs, der das Mantra vom »Notstand« ebenso wiederholte wie das von einem Italien, das »von Europa alleingelassen« werde.

Beide Behauptungen waren pure Fiktion. Weiterhin galt, dass Italien mit 157.000 Flüchtlingen wie im Jahr 2023 keineswegs überfordert war, größere Herausforderungen als andere europäische Länder hatte es auch nicht zu schultern. Weiterhin auch galt, dass eine ernsthafte Debatte über die Realität der Einwanderung in Italien schlicht nicht geführt wurde.

Gegenwärtig leben rund fünf Millionen Ausländer im Land, weitere rund 1,5 Millionen erhielten seit 2010 die Staatsbürgerschaft. Rund 2,4 Millionen Ausländer sind erwerbstätig – mit einer deutlich höheren Quote gegenüber den Italienern. Sie sind schlicht unverzichtbar in einem Land, das wie kaum ein anderes in Europa den »demographischen Winter« erlebt und in den letzten fünf Jahren rund eine Million Einwohner verlor, in einem Land, in dem 2022 erstmals weniger als 400.000 Kinder zur Welt kamen, während die Zahl der Sterbefälle 700.000 betrug, in einem Land, das mit einer Geburtenrate von 1,24 Kindern pro Frau zu Europas Schlusslichtern zählt.

Statt aber die Frage aufzunehmen, welchen Beitrag die Einwanderung zur Zukunft Italiens leisten kann, kämpft Meloni lieber weiter gegen Windmühlen, behauptet, »die illegale Masseneinwanderung« sei »eines der Hauptinstrumente des Kriegs gegen die Identitäten«. Den Schuldigen hat sie auch ausgemacht:

»die immigrationistischen Kampagnen der Linken«, die bloß auf »außereuropäische Einwanderung« ziele, statt sich zum Beispiel um Menschen aus Moldau zu bemühen, »denn der Moldauer ist als Europäer unserer Kultur zu nah«, sprich ungeeignet, den finsteren Plan der Linken oder eines George Soros umzusetzen, »die Identität der Nationen zu zerstören«.

Auch hier pflegt Meloni ihre Fiktion, statt über Fakten zu reden, denn knapp die Hälfte der in Italien lebenden Ausländer stammt aus Europa. Am stärksten sind die Rumänen vertreten, mit gut einer Million, gefolgt von 420.000 Albanern – und von 115.000 Menschen aus Moldau (einem Land, das bloß 2,5 Millionen Einwohner zählt). Doch auch diese Menschen, die ganz regulär in Italien leben, dürfen nicht auf Melonis besondere Zuneigung rechnen. So kommt ihr zu einer möglichen Reform des Staatsbürgerschaftsrechts, um in Italien geborenen Kinder von Migranten einzubürgern, nur die Äußerung in den Sinn, das Land könne doch »die Staatsbürgerschaft nicht verschenken«.

Die Regierungschefin arbeitete unverdrossen daran, immer neue Instrumente der Migrantenabwehr zu erfinden. Neben der Kooperation mit Tunesien war eines ihrer Hauptprojekte ein Abkommen mit Albanien, um nach Italien reisende Flüchtlinge gleich dorthin auszulagern. Im Detail wurde vereinbart, das Italien auf albanischem Boden zwei Lager errichten kann, eines, in dem die Identifizierung der Flüchtlinge direkt nach ihrer Ankunft erfolgen soll, ein zweites, in dem sie dann während der Prüfung ihrer Asylanträge eingesperrt werden sollen. Um Ärger mit italienischen und europäischen Gerichten zu vermeiden, sollen allerdings nur Personen nach Albanien gebracht werden, die in internationalen Gewässern von staatlichen Schiffen, also der Küstenwache, der Finanzpolizei oder der Marine an Bord genommen worden waren. Außerdem sollen keine Frauen, keine Minderjährigen betroffen sein, und schließlich soll gelten, dass nur Flüchtlinge aus sicheren Herkunftsstaaten der Prozedur in Albanien unterzogen werden.

Ursprünglich hatte Meloni verkündet, rund 36.000 Migranten pro Jahr könnten auf diese Weise daran gehindert werden, ihren Fuß überhaupt auf italienischen Boden zu setzen. Dieses Kalkül lebte von einer Kapazität für 3.000 Personen und einer durchschnittlichen Verweildauer im Lager von bloß einem Monat, mit der unausgesprochenen Annahme, dass die Anträge der Migranten im Hauruck-Verfahren geprüft und abgelehnt würden, worauf dann die schnelle Abschiebung erfolgen sollte. Doch nichts an dieser Rechnung passt. Vorerst werden höchstens 1.000 Plätze zur Verfügung stehen, und weiterhin gelingt es Italien nicht, effektiv mehr als etwa 6.000 Abschiebungen pro Jahr vorzunehmen. Dies heißt, dass die Migranten sich bis zu 18 Monaten in dem Lager aufhalten werden – der nach dem Gesetz höchstmöglichen Verweildauer. Sicher sind einstweilen nur die Kosten. Sie werden für die ersten drei Jahre auf eine Milliarde Euro kalkuliert.

Auf dem Feld der Flüchtlingspolitik gelang Meloni die Quadratur des Kreises: Auch ohne nennenswerte Erfolge konnte sie sich als erfolgreich präsentieren. Selbst wenn die Ankunftszahlen vorerst nicht fielen – im Jahr 2024 sollten sie dann allerdings deutlich zurückgehen –, konnte die Regierungschefin für sich beanspruchen, ebenso unbeugsam wie unermüdlich ihre Politik der Abwehr weiterverfolgt zu haben. Ja mehr noch, sie konnte auch reklamieren, dass sie innerhalb der EU den Diskurs auf diesem Feld verschoben hatte: nämlich dass die Kooperation der EU mit den Südanrainern des Mittelmeers, um Abfahrten zu verhindern, verstärkt wurde und dass auch Drittstaaten-Regelungen nach dem Vorbild des Albanien-Abkommens nicht etwa auf Kritik, sondern quer durch Europa auf Beifall stießen.

Kapitel 13: Die Wirtschafts- und Sozialpolitik der Regierung Meloni

Auch auf dem Feld der Wirtschafts- und Sozialpolitik kann man Giorgia Meloni nicht vorwerfen, ihre Wähler im Unklaren darüber gelassen zu haben, wer ihre harte Hand zu erwarten hätte und wer auf freundliche Behandlung hoffen durfte. Immer wieder hatte sie im Wahlkampf den Spannungsbogen aufgemacht zwischen den Nichtstuern, die es sich in der Grundsicherung wohl sein ließen, und jenen, die »produzieren«, für die ihre Ansage galt: »Nicht die stören, die etwas leisten wollen«.

Sofort störte sie dagegen jene, die seit der Einführung der Grundsicherung im Jahr 2019 eine bescheidene staatliche Unterstützung erhielten. »Reddito di Cittadinanza« hieß das Instrument, »Bürgereinkommen«, doch es war alles andere als ein bedingungsloses Bürgereinkommen. Als Höchstleistung gab es monatlich 500 Euro für den Antragsteller, außerdem 200 Euro für jeden im Haushalt lebenden weiteren Volljährigen, 100 Euro für Minderjährige. Das hieß, dass ein Paar mit einem 18-jährigen Sohn und einer 15-jährigen Tochter 1.000 Euro erwarten durfte, dazu einen Mietzuschuss von maximal 280 Euro. Allerdings durfte ein Antragsteller kein Barvermögen über 6.000 Euro haben, kein Auto mit mehr als 1.600 Kubikzentimeter, keine Immobilie – außer der selbst bewohnten – mit einem Wert von mehr als 30.000 Euro.

Im Juli 2021 erhielten rund 1,4 Millionen Bürger die Grundsicherung, mit ihren Familienangehörigen kamen so rund drei Millionen Menschen in den Genuss der Sozialleistung, die den Staat im Jahr 2021 rund neun Milliarden Euro kostete. Rund zwei Drittel der Leistungsbezieher lebten in den armen und von hoher Arbeitslosigkeit geplagten Südregionen, obwohl diese nur auf gut ein Drittel der Einwohner Italiens kommen.

Eines konnte man der Grundsicherung mit gutem Recht vorwerfen: Eine Vermittlung der Leistungsbezieher in Arbeit fand so gut wie nicht statt. Die Verantwortung für diese Misere lag allerdings nicht bei den Arbeitslosen, sondern beim Staat, der kein funktionsfähiges Netz von Jobcentern hatte und die bei der Verabschiedung der Grundsicherung versprochene Stärkung der Arbeitsvermittlungsstrukturen schleifen ließ.

Meloni aber blieb bei ihrem einmal eingeschlagenen Kurs. »Mit der Grundsicherung kann ein 20-jähriger, grundgesunder Junge 780 Euro im Monat beziehen«, empörte sie sich. »Einem Jungen, der arbeiten kann, die Grundsicherung zu gewähren, heißt, ihm Zeit zu stehlen«. Und kaum war die Rechte an der Regierung, machte sie ernst. Von nun an galt als Kriterium für eine Unterstützung, ob die Person »occupabile« war, »beschäftigbar«. Egal ob Arbeitsplätze überhaupt zur Verfügung standen, fielen die »Beschäftigbaren« aus der Unterstützung heraus.

Denn an die Stelle der Grundsicherung trat vom Jahr 2023 an ein neues Instrument: der »Scheck für die soziale Inklusion«. Erhalten konnten ihn nur jene Familien, in denen mindestens ein Minderjähriger, eine Person über 59 Jahren oder ein Mensch mit Behinderung lebte. Der alleinstehende 35-Jährige hatte dagegen ebenso wenig einen Anspruch wie die alleinerziehende Mutter mit einer 19-jährigen Tochter. Für sie wurde als kurzfristige Übergangsmaßnahme bloß die »Unterstützung für Weiterbildung und Arbeit« eingeführt. Gerade einmal 350 Euro monatlich erhielten diejenigen, die an einem berufsbildenden Kurs teilnahmen, für die Dauer von maximal zwölf Monaten und ohne Verlängerungsmöglichkeit.

Hunderttausende Menschen fielen so wieder aus dem sozialen Netz heraus, und der Staat spart kräftig dabei, kann er doch statt mit neun Milliarden (2021) künftig mit höchstens vier Milliarden pro Jahr rechnen. »Die Würde« allerdings hat Meloni den dank Grundsicherung angeblich zur Faulheit neigenden Arbeitslosen keineswegs zurückgegeben: Statt eines Kriegs gegen die Armut hat sie einen Krieg gegen die Armen geführt.

Und jene Armen genießen bei ihr selbst dann nicht allzu hohes Ansehen, wenn sie einer Beschäftigung nachgehen. Dies zeigte sich bei der Debatte über die – von den Oppositionsparteien Partito Democratico und Fünf Sterne geforderte – Einführung eines gesetzlichen Mindestlohns von neun Euro pro Stunde. Italien ist nicht nur das Land in der EU und in der OECD, das in den letzten 30 Jahren keinerlei realen Lohnzuwächse gesehen hat. Es ist auch ein Land, in dem Hunderttausende Menschen im Dienstleistungssektor ebenso wie in der Landwirtschaft zu Stundenlöhnen auch unter fünf Euro kellnern oder Tomaten ernten.

Erstens sei ein Mindestlohn schlicht überflüssig, behauptete die Ministerpräsidentin, der Vorschlag der Oppositionsparteien sei ein »Ablenkungsmanöver«, da »die große Mehrheit der Arbeitnehmer von Tarifverträgen geschützt« werde. Zweitens gehe es offenkundig darum, »die Unternehmen zu treffen und ihnen das Leben schwer zu machen«. Die Rechtskoalition lehnte im Parlament den Gesetzesvorschlag der Opposition jedoch nicht einfach ab, sondern überwies im Dezember 2023 weitere Lösungen an die Regierung. So bremste die Rechte das Vorhaben der Opposition aus, ohne mit offenem Visier gegen den Mindestlohn stimmen zu müssen, und das aus gutem Grund: Im Juli 2023 sprachen sich in einer Umfrage rund 75 Prozent der Bürger für dessen Einführung aus.

Mit offenem Visier agierte die Rechtsregierung dagegen immer dann, wenn es um die Belange der Unternehmen und der Selbstständigen ging. Meloni hatte die wirtschaftsliberale Parole ausgegeben, sie »nicht zu stören«. Doch die Maxime vom Staat, der die Unternehmen in Ruhe lässt, galt und gilt nur bedingt, denn ganz gegen das liberale Dogma schätzt Meloni den Staat immer dann sehr, wenn er die Interessen spezifischer Berufsgruppen schützt. Schon im Wahlkampf hatte sie immer wieder das Schicksal der »balneari« beschworen, der Inhaber der Strandlidos. An seinen mehr als 8.000 Kilometer Küste zählt Italien mehr als 12.000 dieser Läden. Dort kann die werte Kundschaft sich Strandliegen samt Sonnenschirmen mieten, und oft genug verdienen die Pächter außerdem gutes Geld mit Restaurant- und Barbetrieb.

Die Pachten, die sie dafür an den Staat zahlen, sind mehr als bescheiden; sie belaufen sich im Mittel auf 7.600 Euro pro Saison, der Staat nimmt so gerade einmal 92 Millionen Euro ein, während die Lidos durchschnittlich auf einen Jahresumsatz von rund 260.000 Euro kommen, von denen die Pacht nicht einmal drei Prozent ausmacht.

Schon dieses Missverhältnis wäre ein guter Grund, an den alten Pachtverträgen zu rütteln und den öffentlichen Kassen höhere Einnahmen zu bescheren. Ein zweiter guter Grund besteht in der Tatsache, dass die in der Vergangenheit erfolgte automatische Fortschreibung schlicht gegen EU-Recht verstößt. Seit Jahren schon fordert die EU-Kommission eine offene Ausschreibung der Konzessionen, seit Jahren mauern die italienischen Regierungen. Ganz vorn dabei war die Rechte, wenn es darum ging, erbittert die Interessen der Lidobetreiber zu verteidigen, sie als arme Teufel hinzustellen, die bei einem offenen Vergabeverfahren riskierten, von »multinationalen Unternehmen« (so Meloni) beiseite gedrängt zu werden.

Auch als Regierungschefin mauert Meloni weiter. Im laufenden EU-Vertragsverletzungsverfahren gab die Regierung ein Gutachten in Auftrag, das zu dem bizarren Schluss kam, es seien doch noch genug freie Strände in Italien vorhanden, während jeder Tourist aus eigener Anschauung weiß, dass an so gut wie allen Urlaubsorten fast alle Strandabschnitte privaten Pächtern überlassen wurden. Die Schlussfolgerungen des Gutachtens kamen nicht zuletzt dadurch zustande, dass dort von einer angeblichen Küstenlänge von 11.000 Kilometer die Rede war (statt der 8.000 wirklich gegebenen) und dass auch Steilküsten oder Häfen, die einer Nutzung gar nicht zur Verfügung stehen, mit eingerechnet wurden. Es darf deshalb als zweifelhaft gelten, ob die italienische Regierung mit ihrer Argumentationslinie durchdringt. Doch selbst wenn dies nicht der Fall sein sollte, wird Meloni als die

Ministerpräsidentin in Erinnerung bleiben, die im Namen der Lidobetreiber heroischen Widerstand geleistet hat.

Wann immer der Staat mit Konzessionen ins Spiel kommt, stößt der Liberalismus der Regierung Meloni schnell an seine Grenzen, egal ob es sich um Stände auf den Wochenmärkten handelt oder um die Taxilizenzen in den Städten. Italiens Taxifahrer genießen seit Jahrzehnten eine privilegierte Position. Nicht umsonst sind sie ausschließlich Italiener – Migranten am Steuer sucht man vergebens. Denn die Lizenzen sind knapp; in der 3-Millionen-Einwohnerstadt Rom zum Beispiel sind gerade einmal 8.000 Taxis unterwegs, jedes nur für eine Schicht am Tag. Deshalb werden die Lizenzen zu Preisen von rund 150.000 Euro gehandelt: Da Taxis ein knappes Gut sind, ist ihr Betrieb für die Fahrer ein lukratives Geschäft, auch wenn die Kunden in langen Schlangen zum Beispiel am Bahnhof Roms Wartezeiten auch von einer Stunde in Kauf nehmen müssen, auch wenn Anrufe bei Taxizentralen in rund der Hälfte der Fälle erfolglos bleiben. Dabei erklären Roms Taxifahrer bei der Steuer ein mehr als schmales Einkommen von 1.000 Euro pro Monat, brutto wohlgemerkt.

Doch statt sich etwa um die massive Steuerhinterziehung im Gewerbe zu kümmern, statt die großzügige Ausgabe neuer Lizenzen zu ermöglichen, hielt die Regierung Meloni Kurs. Zwar durften die Kommunen im Jahr 2024 neue Lizenzen ausschreiben, doch in Rom zum Beispiel werden 1.000 neue Fahrer dazustoßen – viel zu wenige, um endlich die Nachfrage der Bewohner der Stadt ebenso wie des Millionenheers der Touristen zu decken.

Doch die Regierung Meloni verteidigt nicht nur spezifische Korporationen. Generell liegen ihr die Unternehmer, die Selbstständigen am Herzen. Die Finanzbehörden schätzen, dass sie pro Jahr rund 100 Milliarden Euro Steuer hinterziehen, dass Selbstständige – Händler oder Handwerker zum Beispiel – nur ein Drittel ihrer Einkommen deklarieren. Und Giorgia Meloni? Sie erklärte im Mai 2023, als sie schon Regierungschefin war, der Kampf gegen die Steuerhinterziehung solle bitteschön nicht ausarten, solle nicht darauf hinauslaufen, dass da ein »pizzo di Stato«, ein »staatliches Schutzgeld« eingetrieben werde, ganz so, als sei der Staat mit der Mafia auf eine Stufe zu stellen.

Den Worten folgten Taten. Rund 20 kleinteilige Steueramnestien für Selbstständige wurden erlassen, ganz im Geiste der Berlusconi-Regierungen, man strich Mahn- und Strafgebühren zusammen und verzichtete auf die strafrechtliche Verfolgung von Steuerhinterziehungsfällen. Die Regierung Meloni legte ein mehr als großzügiges Angebot an die Selbstständigen auf: Sie können sich im Vorhinein, für einen Zweijahreszeitraum, mit dem Finanzamt auf die zu entrichtende Steuer einigen, kalkuliert auf das erwartete Einkommen – und auch wenn sie dieses Einkommen am Ende deutlich überschreiten, müssen sie keinen Cent zusätzlich entrichten.

Doch Meloni kann auch anders. Im Jahr 2023 nahm sie sich die Banken vor, verordnete ihnen eine Übergewinnsteuer angesichts blendender Einnahmen, die dank hoher Zinsen nach oben geschossen waren. Bis zu drei Milliarden Euro zusätzlicher Steuern sollten so in die Staatskassen fließen. Zugleich bot die Regierung den Banken ein Schlupfloch: Wenn sie ihre Eigenkapitalrückstellungen erhöhten – nach dem Schlüssel 2,50 Euro Rückstellung für 1 Euro fälliger Steuer –, konnten sie sich von der neuen Steuer befreien. Alle Banken griffen zu diesem Ausweg und schütteten zugleich im Jahr 2023 Milliardendividenden aus – der Staat aber sah keinen einzigen Cent.

Große Erfolge dagegen kann die Meloni-Rechte in der Außendarstellung ihrer wirtschaftspolitischen Bilanz verzeichnen. Abend für Abend verkünden Politiker der Fratelli d'Italia und ihrer Koalitionsparteien in den TV-Nachrichten, dass Italiens Wirtschaft blendend läuft, dass das Land »stärker wächst als Frankreich und Deutschland«, dass die Erwerbsquote mittlerweile bei 62 Prozent liegt (womit Italien allerdings immer noch Schlusslicht in Europa ist, dies aber wird nicht gesagt), und dass »im letzten Jahr 500.000 neue Arbeitsplätze entstanden sind«.

Kein Wort dagegen verschwendet die Regierung Meloni, verschwenden die sie tragenden Parteien auf die weiter präsente strukturelle Dauerkrise, auf die Tatsache, dass Italien in den letzten 25 Jahren vor allem europäische Negativrekorde zu verbuchen hatte. So lag das Land noch 2000 bei einem Bruttoinlandsprodukt pro Kopf von 122 Prozent des EU-Durchschnitts – stieg aber bis 2019 auf nur noch 96 Prozent ab, schlicht deshalb, weil das Land Jahr für Jahr ein geringeres Wachstum verzeichnen musste als die Union. IWF-Daten zeigen, dass in Deutschland das BIP pro Kopf in den Jahren von 1999 bis 2018 um 29 Prozent und in Frankreich um 17 Prozent wuchs, in Italien dagegen um nur 0,8 Prozent. Dieser Abstieg lässt sich auch für ausgewählte Regionen beobachten. Die Lombardei etwa, das ökonomische Herz Italiens, im Jahr 2000 noch auf Platz 16 der 242 EU-Regionen, fiel bis 2019 auf Platz 36 zurück, mit einem Pro-Kopf-BIP, das nur noch bei 127 Prozent des EU-Mittelwerts lag, während es noch im Jahr 2000 162 Prozent erreicht hatte.

Dieses anämische Wachstum verdankte sich einer ebenso anämischen Produktivitätsentwicklung: Während die Arbeitsproduktivität in Deutschland und Frankreich im Zeitraum von 1997 bis 2019 um 15 Prozent stieg, musste Italien gar einen Rückgang von zwei Prozent in Kauf nehmen. Auch die Reallöhne gingen zurück – als einzigem großem EU-Land: Sie fielen von 1990 bis 2020 um 2,9 Prozent, während sie in Deutschland und Frankreich um gut 30 Prozent stiegen. Bei den Unternehmensgewinnen ist das Bild nicht besser. In den Jahren 1997 bis 2019 gab es in Italien ein Nullwachstum, während Deutschland um 13 Prozent und Frankreich um 16 Prozent zulegten.

Vorne liegt Italien dagegen bei den eher traurigen Werten, zum Beispiel beim Anteil der sogenannten NEET zwischen 15 und 29 Jahren (Neither in Employment, Education or Training – also bei denen, die weder in Beschäftigung, Bildung oder einer beruflichen Ausbildung sind). In dieser Kategorie stellt Italien mit knapp 22 Prozent bei den jungen Männern und 24 Prozent bei den jungen Frauen einen europäischen Negativ-Rekord auf.

Alle diese Zahlen zeichnen das Bild eines Landes in der Depression – in ökonomischer genauso wie in psychologischer Depression. Quer durch Europa wird heutzutage über Abstiegsängste als Grund für das Erstarken des Rechtspopulismus diskutiert – doch in Italien kämpfen Millionen Menschen schon seit Jahren nicht bloß mit Abstiegsängsten, sondern mit dem sehr realen Abstieg bei Einkommen und Wohlstand. Und Hunderttausende haben schon die Konsequenzen gezogen. Gerade Italiens Rechte liebt es, über die vermeintliche Gefahr der Immigration zu diskutieren – und verliert darüber eine andere, sehr reale Gefahr aus dem Auge, die der massenhaften Auswanderung junger Italiener aus dem vergreisenden Land. Das Statistische Amt ISTAT schätzt, dass in den Jahren 2011–2021 rund 400.000 Menschen im Alter von 20 bis 34 Jahren ins Ausland gegangen sind.

Doch Diskussionen in der Regierung Meloni oder in den sie tragenden Parteien, wie und womit das Land auf einen neuen Wachstumskurs gebracht werden könnte, sucht man vergeblich. Wie früher die Regierungen unter Silvio Berlusconi, so navigiert auch Meloni »auf Sicht«. Die Mitte-links-Regierungen unter Romano Prodi in den Jahren 1996 bis 1998 und dann 2006 bis 2008 konnten wenigstens beanspruchen, einige Weichen für die Zukunft gestellt zu haben: In den 1990er-Jahren führte Prodi mit entschlossener Haushaltspolitik das Land in den Euro, und in den 2000er-Jahren nahm er nicht nur die von der Rechten chronisch vernachlässigte Bekämpfung der Steuerhinterziehung auf. Er legte außerdem ein ehrgeiziges Förderprogramm für erneuerbare Energien auf, das Italien seinerzeit binnen Kurzem bei Solar- und Windenergie in die Spitze der EU-Länder katapultierte.

In der seit 2022 amtierenden Rechtsregierung hingegen finden strategische Debatten über die Wende des Landes auf dem Feld der digitalen Transformation oder auf dem Feld der Wende zu CO2-neutralem Wachstum schlicht nicht statt. Wenn überhaupt, dann agieren Meloni und ihre Minister als Bremser in der EU, wenn es um das Aus für Verbrennermotoren oder um die ökologische Sanierung des Gebäudebestands geht. So bestritt Matteo Salvini die Kampagne der Lega für die Europawahlen im Juni 2024 mit dem Slogan »Die italienischen Autos und Wohnungen verteidigen!« – verteidigen gegen die »wahnsinnigen Richtlinien« der EU. Außer solchen Verteidigungsschlachten jedoch haben Salvini und Meloni seit dem Amtsantritt ihrer Regierung im Oktober 2022 kein einziges Zukunftsprojekt für Italien aufgelegt, das diesen Namen verdiente.

Kapitel 14: Die autoritäre Versuchung – Giorgia Meloni und die Freiheitsrechte

Ein flammendes Bekenntnis zur Freiheit legte Giorgia Meloni ab, als sie Ministerpräsidentin wurde. Vor dem Abgeordnetenhaus erklärte sie im Oktober 2022: »Die Freiheit muss unser Handeln leiten, die Freiheit des Seins, des Handelns, des Produzierens. Niemals wird eine Mitte-rechts-Regierung die bestehenden Freiheiten der Bürger und der Unternehmen einschränken«. Und sie fügte explizit hinzu, dies gelte auch für »Bürgerrechte und Abtreibung«.

Mehr noch, Viktor Orbáns Rede von der »illiberalen Demokratie« ging ihr nie über die Lippen, zumindest in ihrer Rhetorik waren autoritäre Anwandlungen nicht zu erblicken. Und es stimmt: Italiens Rechte hat bisher die Bürger- und Freiheitsrechte auf breiter Front nicht unter Beschuss genommen. Das Land bleibt auch unter Meloni vorerst noch weit entfernt von Orbáns Ungarn oder Polen unter der Regierung der rechtspopulistischen PiS, die im Oktober 2023 abgewählt wurde.

Dennoch war die Regierung Meloni kontinuierlich am Werk, wenn es darum ging, Freiheitsspielräume unspektakulär und eher kleinteilig einzuschränken. Kaum eine Woche im Amt, legte sie schon ein erstes Dekret vor, das sich gegen »illegale Rave-Partys« richtete. In jenem Dekret wurde für das »Eindringen auf öffentliche und private Gelände oder in Gebäude« zum Zweck der Abhaltung »musikalischer Zusammenkünfte« eine Haftstrafe von bis zu sechs Jahren, dazu eine Geldbuße bis zu 10.000 Euro angedroht. Und die neue Rechtsregierung hatte umgehend ein Problem gelöst, das Italien gar nicht hat: Illegale Rave-Partys gab es so gut wie nie, und schon vorher hatten die Behörden die rechtlichen Instrumente, um einzuschreiten. Neu war alleine die hohe Strafandrohung.

Ein Problem dagegen, das – so wie in anderen Ländern – durchaus real war, stellten in den letzten Jahren die Aktionen der Klimaaktivisten der Ultima generazione, der Letzten Generation dar, die in Rom, Mailand oder Florenz Museen aufs Korn nahmen. Sie bewarf Bilder (genauer gesagt: die die Bilder schützenden Scheiben) mit Tomatensauce oder Kartoffelpüree oder besprühte die Fassaden berühmter Palazzi wie das Senatsgebäude in Rom mit abwaschbarer Farbe. Extra für sie wurde ein Gesetz aufgelegt, das Angriffe auf »Kulturgüter« mit Geldbußen von bis zu 60.000 Euro belegt.

Und auch für die Straßenblockaden der Klimakämpfer, die sich ganz wie in Deutschland am Asphalt festklebten, sind härtere Strafen vorgesehen. Sind mehrere Personen an einer Blockade beteiligt, drohen in Zukunft bis zu zwei Jahren Haft. Diese Norm gilt allerdings selektiv: Als im Januar 2024 Bauern quer durchs Land Autobahnen blockierten, kam nicht etwa die Polizei, sondern der Landwirtschaftsminister persönlich, der erklärte, »ich stehe auf der Seite der Landwirte«.

Ungemütlicher wurde es auch für Demonstranten. In diversen Fällen, ob in Turin, in Neapel oder an der Uni Rom, zückte die Polizei schnell den Schlagstock. Das größte Aufsehen erregte im Februar 2024 eine Palästinademonstration von gerade einmal 200 Gymnasiasten in Pisa. Erst wurden sie von den Einsatzkräften am Weitermarsch auf einen großen Platz der Stadt gehindert, dann hieß es, ganz ohne Not, gegen Teenager, die weder vermummt noch bewaffnet oder gewalttätig waren, »Schlagstock frei«. Am Ende standen 13 Verletzte – und die Auskunft der Polizei, sie habe die Protestierer am Marsch zur Synagoge von Pisa hindern wollen. Jene Synagoge allerdings lag akkurat in entgegengesetzter Richtung zur von den Demonstranten gewählten Zugrichtung, und Staatspräsident Sergio Mattarella kommentierte in einer Mitteilung an den Innenminister, »gegenüber Jugendlichen stellen Schlagstöcke immer ein Scheitern dar«.

Positionen graduell verschieben, ohne doch einen Generalkonflikt zu eröffnen: Das tat auch die Regierung Meloni auch auf dem Feld der Bürgerrechte. Tatsächlich hat sie bisher davon Abstand genommen, etwa am Abtreibungsparagrafen zu rütteln oder die Rechte von Schwulen oder Lesben zu beschneiden. Doch unfreundliche Akte fehlen nicht.

Wie die Regierung in der Frage der Abtreibung aufgestellt ist, machte Eugenia Roccella, Ministerin für Familie, Geburten und Gleichstellung, schnell deutlich. Auf die Frage, ob die Abtreibung zu den Freiheiten der Frauen zählt, antwortete sie knapp: »Leider ja«. Und dieses leider prägte zum Beispiel das von den Regierungsparteien verabschiedete Gesetz, das den Regionen freistellt, den Abtreibungsgegnern der Pro-Life-Organisationen den Zugang zu den Beratungsstellen zu erlauben, in denen abtreibungswillige Frauen den für den Eingriff obligatorischen Beratungsschein erhalten können. Was sie dort vorhaben, sagen diese Organisationen ganz offen. Zum Beispiel wollen sie den Frauen die Herztöne ihres Fötus vorspielen.

Ähnlich unfreundlich und vom »leider« geprägt ist der Umgang der Regierung Meloni mit der LGBTQ+-Community. Die Ministerpräsidentin selbst hat nie ein Hehl aus ihrem konservativkatholischen Familienbild gemacht, nach dem jedes Kind »das Recht auf einen Vater und eine Mutter hat«, in dem deshalb kein Platz ist für »Regenbogen-Familien«, wie sie in Italien genannt werden. Deren Rechte sind nicht besonders ausgebaut. Zum Beispiel ist der standesamtliche Eintrag von im Ausland geborenen Kindern einer Homoehe mit beiden Elternteilen nicht vorgesehen. Einige Städte, zum Beispiel Mailand, nahmen diesen Eintrag dennoch vor – bis Melonis Innenminister Matteo Piantedosi dies in einer Dienstanweisung kategorisch untersagte.

Untersagt ist in Italien (wie auch in Deutschland) heute schon die Leihmutterschaft. Doch Meloni will dieses Verbot weiter ausdehnen: Sie will diejenigen, die Leihmütter in Anspruch nehmen, auch dann strafrechtlich verfolgen lassen, wenn sie dies gar nicht in Italien tun, sondern in Staaten, in denen die Prozedur legal ist. Bis zu zwei Jahre Haft sollen dafür in Zukunft drohen. Dass die Regierung auf diesem Feld bisher nicht mehr unternahm, hat einen recht einfachen Grund: Ihre eigene Wählerschaft ist in diesen Fragen weit liberaler als Melonis Fratelli d'Italia oder Salvinis Lega. Auch die Anhänger der Rechten billigen mittlerweile mehrheitlich die Homoehe, und fast die Hälfte von ihnen zeigen sich auch der Adoption von Kindern durch homosexuelle Paare gegenüber offen. Noch deutlicher ist das Bild bei den Anhängern der Mitte-links-Parteien – mit einem offenen Großkonflikt in der Familien- und Geschlechterpolitik kann Italiens Rechte nur verlieren.

Weit weniger zu verlieren hat die Regierung Meloni dagegen, wenn es um die Kontrolle der Medien und damit um die Informationsfreiheit der Bürger geht. Denn in Italien war es immer schon Usus, dass die jeweilige Regierungsmehrheit gleichsam automatisch auch im staatlichen TV- und Radiosender *RAI* den Ton angibt. Und das aktuell gültige Gesetz – verabschiedet im Jahr 2015 unter dem damaligen Ministerpräsidenten Matteo Renzi – macht diesen direkten Regierungszugriff zur Norm. Es ist nämlich die Regierung, die den Senderchef direkt vorschlägt, und die Koalitionsparteien können sich ganz selbstverständlich die Mehrheit im Verwaltungsrat sichern.

So war es der Regierungschefin im Jahr 2023 möglich, eine neue Senderspitze zu installieren, in die neben dem Senderchef Roberto Sergio auch der Meloni seit gemeinsamen Tagen in der postfaschistischen Jugendorganisation eng verbundene Journalist Giampaolo Rossi zum Generaldirektor berufen wurde. Ein weiterer treuer Gefolgsmann der Fratelli d'Italia wurde Nachrichtenchef des Ersten Kanals der *RAI*, und beim Nachrichtenkanal *RAINews24* ist ebenfalls ein FdI-Mann Chefredakteur geworden. Seither sind die Nachrichten der ersten beiden *RAI*-Kanäle ebenso wie der News-Kanal pures Regierungs-Verlautbarungsfernsehen, in dem Tag für Tag die wirklichen, meist aber die vermeintlichen Erfolge Melonis und ihrer Minister gefeiert und sogar Meloni-Reden auf Parteiveranstaltungen übertragen werden.

Neu ist diese Dienstbarkeit der *RAI* gegenüber der jeweiligen Regierung nicht – neu ist allerdings der Grad der Servilität. Dass der Wind sich gedreht hat, zeigte sich im April 2024, als die Journalistengewerkschaft der *RAI* zu einem eintägigen Streik gegen »die erstickende Kontrolle der Regierung« aufrief. Die Nachrichtenchefs von *RAI1*, *RAI2* und *RAINews24* organisierten – dies hatte es in der Geschichte des Senders bei Streiks noch nie gegeben – binnen Stunden Streikbrecherbrigaden von mit der Rechten sympathisierenden Journalisten, die außerhalb der Dienstpläne zur Arbeit kamen und den Ausstand durchkreuzten.

Weniger neu dagegen war die offen vorgenommene Zensur unbequemer Stimmen in der *RAI*. Schon Silvio Berlusconi hatte in den 2000er-Jahren dafür gesorgt, dass drei ihm unbequeme Personen – zwei Journalisten und ein Comedian – vom Sender kaltgestellt wurden. An diese unselige Tradition knüpfte Meloni gut 20 Jahre später an. Zuerst traf es den Autor Roberto Saviano, der mit seinen Büchern über die Camorra weltberühmt geworden war. Er hatte im Auftrag der *RAI* vier Folgen einer Serie über die Mafia gedreht, sie waren vom Sender abgenommen und bezahlt, als die Weisung erfolgte, die Serie abzusetzen. Savianos Vergehen: Er hatte sich kritisch über Matteo Salvini und dessen Kurs in der Flüchtlingspolitik geäußert.

Im April 2024 dann geriet Antonio Scurati, über Italien hinaus mit seinem dreibändigen Werk über Benito Mussolini bekanntgeworden, ins Fadenkreuz. Er sollte in einer Infotainment-Sendung einen Monolog zum 25. April vortragen – an dem Italien die Befreiung von den Faschisten und den deutschen Nazi-Besatzungstruppen im Jahr 1945 feiert. In seinem Manuskript fanden sich jedoch für Meloni unbequeme Bemerkungen zu den faschistischen Wurzeln ihrer Fratelli d'Italia. Kurzerhand wurde der Auftritt gekippt, aus »editorischen Gründen«, wie es in einer internen Mail hieß, vorbei an der Moderatorin, die den Skandal publik machte. Später suchten sich die Sender-Verantwortlichen damit herauszureden, Scurati habe überzogene Honorarforderungen gestellt – doch er selbst dementiert das. Bestraft wurde am Ende die Moderatorin, die man für sechs Tag vom Dienst suspendierte.

Und statt ihrer alten Sendung soll sie in Zukunft ein Programm moderieren, aus dem politische Themen völlig verbannt sind.

Zudem erlebte die *RAI* den freiwilligen Abmarsch diverser erfolgreicher Talk-Moderatoren, die zu Privatsendern wechselten. So hat die Spitze des Senders, der mittlerweile von Kritikern als TeleMeloni verspottet wird, ein Problem. Sie mag sich über den Weggang von »linkslastigen« Moderatoren freuen – doch es gibt keinen rechten Ersatz für sie, der ähnlich erfolgreiche Programme garantieren könnte. In der neuen, rechten *RAI* sind die Nachrichtensendungen auf Linie, sind zugleich die politischen Talk-Formate deutlich reduziert. Und im Zweifelsfall werden Bilder »nachbearbeitet«. Als im Juli 2024 der Kulturminister Gennaro Sangiuliano auf einem Literaturfestival in Taormina auftrat, empfing das Publikum ihn mit Pfiffen. In der späteren *RAI*-Übertragung allerdings wurden die Pfiffe kurzerhand rausgeschnitten – und stattdessen gab es Applaus für den Minister zu hören.

Die *RAI* ist also mittlerweile auf Linie gebracht. Die Folge: Die Zuschauerzahlen schrumpfen, und im Jahr 2024 wurde die *RAI* bei der Einschaltquote erstmals von Berlusconis Mediaset überholt. Weder in der Regierung noch in den Rechtsparteien war darüber jedoch echtes Bedauern zu vernehmen.

In der Summe ist festzuhalten, dass die Interventionen der Rechtsregierung auf dem Feld der Freiheits- und Bürgerrechte bis zum Sommer 2024 eher punktueller Natur waren, dass sie Nadelstiche darstellten, ohne doch die Grenze zu einer illiberalen Demokratie zu überschreiten, in der die Spielräume der politischen und der gesellschaftlichen Opposition merklich eingeschränkt wären. Doch womöglich wird diese frühe Phase der Regierung Meloni in Zukunft einmal als bloßer Auftakt erinnert werden, denn Giorgia Melonis Ehrgeiz beschränkt sich nicht darauf, hier oder da ein bisschen Law and Order durchzusetzen oder ihre Treue zu »traditionellen Werten« zu demonstrieren. Ihr geht es um deutlich mehr: um den Umbau des italienischen Staats.

Kapitel 15: Die entkernte Demokratie – Giorgia Melonis Pläne für den Umbau des Staates

Die Direktwahl des Ministerpräsidenten: von der parlamentarischen zur plebiszitären Demokratie

Als »Mutter aller Reformen« hatte Giorgia Meloni, kaum war sie an der Regierung, ihr Vorhaben bezeichnet, Hand an Italiens Verfassung zu legen und an der Spitze der Exekutive endlich eine starke, direkt vom Volk legitimierte Führungsfigur zu installieren, um der »politischen Instabilität« ein Ende zu setzen, wie sie in ihrer Antrittsrede vor dem Abgeordnetenhaus erklärte, und dann fortzufahren: »Wir sind fest überzeugt, dass Italien eine Verfassungsreform in präsidialer Richtung benötigt, die Stabilität garantiert und die Volkssouveränität wieder zentral werden lässt«. Schließlich gehe es darum, eine »Demokratie, in der entschieden wird«, durchzusetzen.

Erst entscheidet das Volk, indem es in Direktwahl seinen Anführer kürt, und dann entscheidet jener Anführer, indem er durchregiert. Auf diese einfache Formel lässt sich Melonis Vision bringen, wie sie immer wieder ausführt: Ihr gehe es darum, »das Recht der Bürger zu garantieren, zu wählen, von wem sie regiert werden, und der Ära der Technokratenregierungen, der Frontwechsel, der Regenbogenmehrheiten, die keinerlei Entsprechung im Votum des Volkes haben, ein Ende zu setzen. Das zweite Ziel ist, dass der vom Volk Gewählte mit der Perspektive einer Legislaturperiode regieren kann«.

Das klingt plausibel. Immer wieder verweist die rechte Reformerin darauf, dass Italien seit Entstehung der Republik im Jahr 1946 ganze 68 Regierungen sah, immer wieder auch darauf, dass seit Silvio Berlusconis Rücktritt im Jahr 2011 bis zu ihrer Wahl im

Jahr 2022 keine einzige Regierungskoalition mehr direkt durch das Wählervotum legitimiert war. Sie verschweigt jedoch, dass diese Tatsache dem Umstand geschuldet war, dass keines der drei bei den Wahlen 2013 und 2018 angetretenen politischen Lager – die Rechte, die Linke, die Fünf Sterne – in beiden Häusern des Parlaments über die notwendige Mehrheit verfügte.

Bis heute verfügt Italien über ein rein parlamentarisches System. Die Bürger wählen ihre Abgeordneten und Senatoren, und jede Regierung benötigt das Vertrauensvotum beider Häuser des Parlaments, um ins Amt zu gelangen. An diesem parlamentarischen System störten sich immer schon Italiens Neofaschisten. Schon 1948 forderte der Movimento Sociale Italiano in einer Rhetorik, die der Giorgia Melonis sehr nahe ist: »Der Staat muss von einem vom Volk gewählten Anführer geführt werden, der nicht dank der Kompromisse der Parteien ausgewählt ist und der in der Lage sein muss, effektiv und effizient das Gemeinwesen zu lenken, mit ausreichenden Vollmachten, um Stabilität und Kontinuität zu sichern«.

Eben jene Sehnsucht nach starker, energischer Führung, nach einer Person an der Spitze der Exekutive, die endlich durchregiert, erfreut sich in Italien schon seit Jahren hoher Popularität, wie der kometenhafte Aufstieg der Fünf Sterne unter Beppe Grillo, dann Matteo Renzis, nach ihm Matteo Salvinis und schließlich Giorgia Melonis eindrücklich demonstrierten, und auch in Meinungsumfragen sprechen sich regelmäßig mehr als 50 Prozent der Bürger für eine Direktwahl des Staats- oder des Ministerpräsidenten aus.

Ursprünglich hatten erst die Neofaschisten des Movimento Sociale Italiano , dann die Postfaschisten der Alleanza Nazionale und der Fratelli d'Italia die Trommel für eine Präsidiallösung gerührt, doch nach ihrem Regierungsantritt optierte Giorgia Meloni für die Direktwahl des Ministerpräsidenten, ein Kurswechsel, der in der Substanz wenig ändert. Im Senat wurde die Verfassungsreform in erster Lesung im Juni 2024 gebilligt. Danach werden die

Italiener in Zukunft nicht nur ihre Parlamentarier, sondern auch ihren Regierungschef direkt wählen. Jener Regierungschef muss sich also keinen Koalitionsverhandlungen mehr stellen, und er hat die Regierungskoalition in der Hand. Denn wenn er zurücktritt, kann er die Auflösung des Parlaments und die Ansetzung von Neuwahlen fordern. Er benennt auch die Minister, er kann sie abberufen – der Staatspräsident unterschreibt nur noch.

So, meint Meloni, sei endlich Schluss mit den »Spielen des Palazzo«, so werde »den Bürgern das Recht zurückgegeben, zu wählen, von wem sie regiert werden«. Sie verschweigt dabei die Tatsache, dass die Bürger nur einmal alle fünf Jahre zu Wort kommen, in einer plebiszitären statt parlamentarischen Demokratie. Denn die Direktwahl des »Premier« – nicht umsonst heißt die Reform in Italien »Premierato« – stellt das Machtverhältnis zwischen Regierungschef und Volksvertretern auf den Kopf: Der Ministerpräsident hängt nicht mehr vom Parlament ab, sondern das Parlament vom Regierungschef, der jederzeit den Stecker ziehen kann. Und sollte das Parlament seinerseits dem Ministerpräsidenten das Vertrauen entziehen, hat es automatisch auch seine Selbstauflösung verfügt: Alternative Regierungen sind per Beschluss der Volksvertreter nicht möglich.

Auf diese Weise wird nicht nur die Rolle des Parlaments entscheidend geschwächt. Zugleich findet sich der Staatspräsident zum puren Notar herabgestuft. Er – in indirekter Wahl von den beiden Kammern des Parlaments sowie 58 Vertretern der Regionen bestimmt – ernennt bisher den Ministerpräsidenten, und er kann in Regierungskrisen neue Lösungen ausloten. Davon wäre in Zukunft keine Rede mehr, da er nur noch die Entscheidungen des Ministerpräsidenten zu ratifizieren hat. Auch in der Substanz wäre seine Rolle deutlich geschwächt. Bisher galt, dass in wichtigen nationalen Fragen sich auch der Staatspräsident zu Wort melden konnte. Doch ein möglicher Widerspruch gegenüber dem Regierungschef müsste sich in Zukunft immer dem Vorwurf aussetzen, dass der Ministerpräsident dank seiner Direktwahl durchs Volk eine weit stärkere Legitimation genießt als der indirekt gewählte Staatspräsident. Am Ende fände Italien sich so mit einem starken Mann oder einer starken Frau, die nicht bloß regiert, sondern kommandiert und der sich das Parlament nicht wirklich entgegenstellen kann – außer um den Preis, umgehend nach Hause geschickt zu werden.

Damit dieses neue System überhaupt funktioniert, sind jedoch auch Eingriffe beim Wahlrecht unverzichtbar – denn der direkt gewählte Premier braucht eine Mehrheit in Abgeordnetenhaus und Senat, um wirklich durchregieren zu können. Bisher gibt es – und das ist bei einer solch einschneidenden Reform einigermaßen bizarr – noch keinen offiziellen Vorschlag zur Wahlrechtsreform. Nur so viel ist klar: In Zukunft soll ein Mehrheitsbonus dafür sorgen, dass die siegreiche Partei oder Parteienallianz automatisch 55 Prozent der Sitze in beiden Häusern erhält.

Diese Reform muss zunächst in beiden Häusern des Parlaments jeweils mit absoluter Mehrheit gebilligt werden. Dann aber sind bei Nichterreichen einer Zweidrittel-Mehrheit die Wähler gefragt, die in einem Referendum die Verfassungsänderung absegnen müssen – und es wird nicht nur von der Popularität der Reform, sondern auch der Regierung zum Zeitpunkt der Volksabstimmung abhängen, ob Giorgia Meloni Erfolg hat. Vor ihren Augen dürfte das Beispiel Matteo Renzis stehen, der im Jahr 2016 im Referendum zu seiner Verfassungsreform mit 60 Prozent Nein-Stimmen spektakulär scheiterte.

Die »differenzierte Autonomie« der Regionen: Aufkündigung der inneritalienischen Solidarität

Die Direktwahl des Regierungschefs war das Herzensanliegen Melonis und ihrer Fratelli d'Italia. Matteo Salvini und seine Lega unterstützten das Vorhaben, weil sie in einem Tauschgeschäft ihrerseits ihr Wunschprojekt in Angriff nehmen konnten: die »differenzierte Autonomie« der Regionen. Denn Salvini mochte zwar die Abkehr der Lega vom Nordseparatismus durchgesetzt und die Partei auf einen stramm nationalistischen Kurs eingeschworen haben, doch ihre Hochburg blieb weiter der reiche Norden des Landes, wo sie traditionell verankert ist. Dort regieren Lega-Politiker die Lombardei, den Veneto, Friaul-Julisch-Venetien: Regionen, die schon seit Jahren nach größeren Vollmachten auf Kosten des Zentralstaats rufen.

Dieses Anliegen findet sich seit dem Juni 2024, seit der definitiven Verabschiedung durch das Parlament, in Gesetzesform gegossen. Hierzu bedurfte es, anders als bei der Einführung der Direktwahl des Ministerpräsidenten, keiner Änderung der Verfassung. Denn ausgerechnet eine Mitte-links-Koalition hatte schon im Jahr 2001 die entsprechende Verfassungsänderung vorgenommen (in der absurden Hoffnung, so der damaligen Lega Nord das Wasser abzugraben), die jetzt mit der Verabschiedung eines Durchführungsgesetzes Gestalt annimmt.

Gleich auf 23 Politikfeldern können die Regionen künftig die Übertragung bisher zentralstaatlicher Aufgaben auf sie selbst reklamieren: von den Beziehungen zur EU, über den Außenhandel, die Gesundheits- oder der Forschungspolitik bis zum Schulwesen, der Energiepolitik, der Infrastruktur- oder der Umweltpolitik. Und für jede von ihr übernommene Aufgabe erhält die Region den entsprechenden Anteil am bisher dem Zentralstaat zugeflossenen Steueraufkommen.

In Salvinis Augen handelt es sich um eine epochale Wende: »Autonomie bedeutet, weniger zu verschwenden, stärker das Verdienst zu würdigen, die Bürger entscheiden zu lassen, die Fristen der Bürokratie zu verkürzen«. Kritiker dagegen befürchten, dass die Reform nicht nur dysfunktionale Kleinstaaterei befördert, sondern dass sie den Abstand zwischen dem wohlhabenderen Norden und dem armen Süden des Landes weiter vergrößert.

Zwar ist in dem Autonomiegesetz festgeschrieben, dass die Zentralregierung zum Beispiel für die Gesundheits- oder die Schulpolitik sogenannte »essentielle Leistungsniveaus« fixieren muss, die in allen Regionen garantiert bleiben sollen. Doch weder sind Details dazu fixiert noch ist klar, wie die Umsetzung aussehen soll, wenn der Zentralstaat einmal die Steuerhoheit zum großen Teil an die Regionen abgetreten hat – mit der Folge, dass die Lombardei oder Venetien sich über hohe Steuereinnahmen freuen werden dürfen, Kalabrien oder Sizilien dagegen auf weit bescheidenere Mittel rechnen müssen.

Schon heute ist das regionale Wohlstandsgefälle in Italien größer als in den meisten anderen europäischen Staaten. In Deutschland zum Beispiel kam Thüringen im Jahr 2023 mit auf ein Bruttoinlandsprodukt von 35.700 Euro pro Kopf, das 62 Prozent des reichsten Flächenstaates, Bayern, betrug. In Italien dagegen muss Kalabrien mit einem Pro-Kopf-BIP von 19.400 Euro (2022) auskommen und erreicht damit nur 44 Prozent der Lombardei mit ihren 44.400 Euro pro Kopf.

Diese Kluft schlug sich auch bisher schon in der hohen Diskrepanz bei den staatlichen Leistungen nieder. Im Süden Italiens ist die Gesundheitsversorgung deutlich schlechter, gibt es deutlich weniger Kita-Plätze oder Ganztags-Grundschulen, ist das Eisenbahn- ebenso wie das Straßennetz in einem oft miserablen Zustand. Die Sorge vor allem der Südregionen – und auch der dort regierenden Politiker der Rechtsparteien – ist deshalb, dass das Gefälle in Zukunft zum Abgrund werden könnte. Zentralstaatliche Instrumente, die eine Kompensation zugunsten der ärmeren Regionen schaffen, sind jedenfalls nicht vorgesehen.

Sorgen sollte sich allerdings auch Giorgia Meloni machen. Sie hat die Stärkung der Rolle des Ministerpräsidenten auf den Weg gebracht, doch jener starke Regierungschef muss sich womöglich an die Tatsache gewöhnen, einen schwachen Staat zu regieren, in dem der Zentralregierung bisherige Kernaufgaben weitgehend entzogen sind: Während die eine Reform das Zeug hat, die parlamentarische Demokratie im Namen einer »starken Führung« zu entleeren, hat die andere das Potenzial, den nationalen Zusammenhalt zu unterminieren.

Die Justizreform: Berlusconis späte Rache

Dass das Rechtsbündnis, das die Regierung Meloni trägt, eine Wünsch-dir-was-Koalition ist, zeigt sich spätestens bei der Justizreform. So wie Meloni selbst die Direktwahl des Premiers wollte, so wie Salvini die differenzierte Autonomie der Regionen verlangte, so ging das Begehr der Berlusconi-Partei Forza Italia auch nach dem Tod des Gründers im Juni 2023 auf die Justizreform – und auch Forza Italia wurde zufriedengestellt.

»Das Gedankengut Silvio Berlusconis lebt«, freute sich der heutige FI-Vorsitzende Antonio Tajani im Mai 2024, als das Kabinett den Gesetzentwurf zur Neuordnung der Justiz verabschiedete. Fast 30 Jahre lang, von seinem Eintritt in die Politik 1994 bis zu seinem Tod 2023, hatte Berlusconi seinen ganz eigenen Kampf gegen die Justiz geführt. Der schließlich seit 2013 wegen Steuerbetrugs Vorbestrafte hatte alles getan, um Richtern und Staatsanwälten Fesseln anzulegen und zu verhindern, dass er am Ende in einem seiner zahlreichen Prozesse verurteilt würde.

Dabei ist ihm viel gelungen, doch weder entging er am Ende einer Verurteilung, wenn auch nur in einem Fall, noch konnte er sein Hauptprojekt verwirklichen: die »Trennung der Laufbahnen« von Richtern und Staatsanwälten. Italien verfügt über ein Justizsystem, das absolute Unabhängigkeit von der Exekutive genießt. Die Richter ebenso wie die Staatsanwälte unterliegen einer reinen Selbstverwaltung, ausgeübt vom »Consiglio Superiore della Magistratura«, dem »Höchsten Rat der Magistratur«, der unterschiedslos sowohl für die ermittelnden und anklagenden als auch für die urteilenden Magistrate zuständig ist. Und mehr noch: Zwischen den beiden Gruppen ist der Wechsel möglich, ein Richter kann sich auf die Position in einer Staatsanwaltschaft bewerben, so wie ein Staatsanwalt zum Richter umsatteln kann.

Praktisch spielen diese Wechsel mittlerweile eine verschwindend geringe Rolle. Unter den seit 2005 eingestellten gut 2.500 Richtern und Staatsanwälten wechselten in den folgenden zwölf

Jahren nur 45 von der einen in die andere Funktion. Doch um die Frage, wie relevant das Phänomen tatsächlich ist, geht es gar nicht. Laut Forza Italia müssen die Laufbahnen getrennt werden, um die »Unparteilichkeit« der Richter zu gewährleisten, die gefährdet sei, wenn sie mit den Staatsanwälten in einer Berufskategorie vereint seien.

Eher schon drängt sich der Verdacht auf, dass die Trennung der Laufbahnen auf etwas ganz anderes zielt: auf die Unterordnung der Staatsanwälte unter das Justizministerium und damit auf das Ende der völligen Unabhängigkeit der italienischen Justiz. Bisher hat das Ministerium weder ein Mitspracherecht bei Beförderungen oder Versetzungen der Magistrate, noch verfügt es in Ermittlungsverfahren und Prozessen auch nur über die kleinste Weisungsbefugnis gegenüber den Staatsanwaltschaften. Dafür jedoch würde die angestrebte Reform die Tür öffnen. In einem ersten Schritt soll das Selbstverwaltungsorgan in zwei »Höchste Räte der Magistratur« aufgespalten werden, einen für die Richter, einen für die Staatsanwälte – nichts spräche dann dagegen, in einem zweiten Schritt die Autonomie der Staatsanwälte zu beschneiden und sie der Aufsicht des Justizministeriums zu unterwerfen. Damit würde in der Tat ein langgehegter Traum Berlusconis wahr.

Ein autoritäreres Italien, straff geführt vom starken Mann oder der starken Frau an der Spitze einer Regierung, deren Minister genauso vom Ministerpräsidenten abhängen wie die Parlamentsmehrheit, ein regional und sozial ungleicheres Land, zudem ein Land, dessen Justiz der Politik nicht mehr in die Quere kommen kann, wie sie es noch zu Berlusconis Zeiten tat: Dies wäre das Ergebnis, wenn es Giorgia Meloni tatsächlich gelingen sollte, alle ihre Reformvorhaben umzusetzen. Und es wäre ein Ergebnis, das sich fügt in den weiterhin präsenten postfaschistischen Geist ihrer Partei.

Kapitel 16: »Tiefe Wurzeln gefrieren nicht« – Giorgia Meloni und der (Post-)Faschismus

Darf man Giorgia Meloni glauben, dann haben sie und ihre Partei Fratelli d'Italia keinerlei Verbindungen zum historischen Faschismus. In ihrer Antrittsrede als Ministerpräsidentin im Oktober 2022 fand sie deutliche Worte: »Ich habe nie Sympathien oder Nähe gegenüber antidemokratischen Regimes empfunden. Für kein Regime, den Faschismus eingeschlossen«. Jenen Faschismus, so wiederholt sie immer wieder, habe sie schon vor Jahren »der Geschichte überantwortet«.

Das klingt eindeutig – ist es aber nicht. Es beginnt schon beim Parteisymbol, in dem weiter die Flamme in den Farben der Trikolore lodert, die schon Bestandteil des Parteisymbols der 1946 gegründeten offen faschistischen Partei Movimento Sociale Italiano war, »das historische Symbol der Rechten, zunächst des Movimento Sociale Italiano und dann der Alleanza Nazionale«. Dazu sagt Meloni: »Da wir in Kontinuität zu dieser Geschichte stehen, haben wir sie (die Flamme) wieder aufgenommen«.

Zum »Bruch« mit dem faschistischen Regime Mussolinis gesellt sich so die Kontinuität mit jenen Neofaschisten, die gleich nach der Niederlage des Faschismus im Jahr 1945 die alten rechtsextremen Ideale politisch fortleben ließen und den Movimento Sociale Italiano gründeten, eine offen den Faschismus samt seinem Duce verherrlichende Partei. Meloni gelingt dieses dialektische Kunststück, weil sie einfach den neofaschistischen Charakter jenes Movimento Sociale Italiano, dem sie als 15-Jährige 1992 beigetreten war, leugnet. In Ihrer Antrittsrede vom Oktober 2022 fuhr sie fort: »Sehr jung habe ich den Duft der Freiheit kennengelernt, das Verlangen nach der historischen Wahrheit und die Ablehnung jedweder Form der Unterdrückung und Diskriminierung, gerade weil ich in der demokratischen Rechten Italiens aktiv war«.

Mit einem Federstrich ist so der neofaschistische Movimento Sociale Italiano umdefiniert zur »demokratischen Rechten«, und auch für Giorgio Almirante, bis zu seinem Tod der charismatische Anführer des MSI, findet Meloni nur freundliche Worte. Bei ihm handele es sich um »einen großen Politiker, einen Patrioten, einen großen Mann, den wir nie vergessen werden«. Jener Almirante – zu Mussolinis Zeiten Redakteur der antisemitischen Zeitschrift »La difesa della razza« (»Die Verteidigung der Rasse«) – hatte jedoch zum Beispiel im Jahr 1956 keineswegs von einer »demokratischen Rechten« gesprochen, sondern vom Movimento Sociale Italiano als »Faschisten in der Demokratie«, die sich als »Außenstehende« im Nachkriegsitalien betrachteten. Und im Jahr 1969 schrieb Almirante rundheraus, »dies ist nicht unser Parlament, dies ist nicht unser Staat, dies ist nicht unser Gesetz«. Stattdessen ließ er keinen Zweifel an seinen Sympathien für die Franco-Diktatur in Spanien oder das in Athen seit 1967 herrschende Obristen-Regime.

Meloni hindert dies nicht daran, mit der Rede von der »demokratischen Rechten« die Geschichte ein wenig umzuschreiben. Sie geht einen Schritt weiter – und erklärt, dass damals die wahren Feinde der Demokratie gar nicht unter den Faschisten zu suchen waren, sondern links, unter den Antifaschisten. Wenn sie von der »Ablehnung jedweder Form der Unterdrückung und Diskriminierung« redet, meint sie genau dies: die angebliche Diskriminierung der Faschisten und Postfaschisten in der italienischen Nachkriegsdemokratie. Die italienische Rechte nämlich sei »eine Gemeinschaft von Männern und Frauen, die immer im Licht der Öffentlichkeit in unseren republikanischen Institutionen agiert hat, auch in den dunklen Jahren der Kriminalisierung und der politischen Gewalt, als im Namen des militanten Antifaschismus unschuldige Jungs erschlagen wurden.«

Wiederum liefert Meloni hier eine tendenziöse Sicht der jüngeren Geschichte. Es stimmt, dass diverse junge Neofaschisten in den 1970er-Jahren Opfer linksextremer Gewalttäter wurden – es stimmt aber auch, dass Faschisten ihrerseits immer wieder Linke ermordeten. Doch Meloni macht allein den Movimento Sociale Italiano zum Opfer, die anderen, die Linken, zu den Tätern – und liefert so das Argument, warum sie und ihre Gesinnungsgenossen die wahren »Underdogs« waren, ohne Not ausgegrenzt, obwohl sie doch bloß die demokratische Rechte repräsentierten.

Nicht der Neofaschismus ist deshalb in ihren Augen das wahre Problem, sondern der Antifaschismus – ein Begriff, den sie nicht umsonst niemals für sich reklamiert hat. So bleibt am Ende nur die Distanzierung vom faschistischen Regime, das bis 1945 herrschte und das schließlich von den Alliierten und den italienischen Partisanen besiegt wurde.

Doch auch diese Distanzierung hat enge Grenzen. Denn mit den damaligen Gegnern des Faschismus mag Meloni, mag Fratelli d'Italia sich ebenfalls nicht identifizieren. Der »Tag der Befreiung«, der 25. April, war für Italiens faschistische und später postfaschistische Rechte jedenfalls nie ein Festtag. »Trennend« sei dieses Fest, genauso wie der 2. Juni, Fest der Republik, befand Meloni noch vor wenigen Jahren und schlug vor, an ihrer Stelle doch lieber den 4. November, Jahrestag des Siegs Italiens im I. Weltkrieg, zum staatlichen Feiertag zu machen.

Seit Meloni Ministerpräsidentin ist, kommt sie jedoch nicht umhin, am 25. April offiziell der Befreiung zu gedenken. Im Jahr 2023 schrieb sie einen Brief an die Tageszeitung *Corriere della Sera*, der erneut zur dialektischen Meisterleistung wurde. Erneut beschwor sie, dass ihre Fratelli »inkompatibel mit jedweder Nostalgie« seien. Und erneut erzählte sie die Mär von den Neofaschisten, die sich angeblich einsetzten, »Millionen von Italienern in die neue parlamentarische Republik zu geleiten und so der demokratischen Rechten Form verliehen«. Erneut auch legt sie sich ausgerechnet an jenem Tag, an dem Italien der Niederlage des Faschismus gedenkt, mit dem Antifaschismus an, dem es darum gehe, »die Kategorie des Faschismus als Instrument der Delegitimierung jedweden politischen Gegners zu nutzen«.

So ist in Melonis Weltbild der Faschismus der Regimejahre bis 1945 einfach zu den Akten gelegt und der Neofaschismus nach 1945 dagegen kühn uminterpretiert worden in eine »demokratische Rechte«, die nichts mit Tätern zu tun hat, sondern vor allem selbst Opfer ist: Opfer ungerechter Ausgrenzung. Doch auch die Distanzierung vom historischen Regime-Faschismus weist bei FdI immer wieder große Lücken und Widersprüche auf.

Dies beginnt mit der Tatsache, dass Meloni es einfach nicht über sich bringt, auf Distanz nicht nur zu den Rassegesetzen von 1938 zu gehen, sondern auch zu deren Autor, Mussolini höchstpersönlich. Nie seit Jahrzehnten hat sie sich zum Duce geäußert. Ihre Partei führt Kampagnen durch, damit dem »Verbrecher Tito« endlich Orden der Italienischen Republik aberkannt werden – eine gleiche Kampagne gegen den »Verbrecher Mussolini«, der ebenfalls weiterhin in den Ordensverzeichnissen Italiens geführt wird, fand dagegen nie statt. Überhaupt hat weder Fratelli d'Italia noch auch Meloni selbst je ein böses Wort über den Duce verloren, nicht über die tausendfachen Morde der italienischen Faschisten an politischen Gegnern, nicht über die Kriegsverbrechen des Regimes in Libyen, in Äthiopien, auf dem Balkan.

Und Meloni findet zum Beispiel nichts dabei, wenn ein Ortsverein ihrer Partei sich nach Italo Balbo benennt. Jener Balbo war in den Jahren des Aufstiegs des Faschismus einer der führenden Organisatoren der Schwarzhemden, Schlägerbanden, die Gewerkschafter, Kommunisten, Sozialisten terrorisierten und oft genug ermordeten, und Balbo zählte auch zu den »Quadrumvirn«, jenen vier Befehlshabern der faschistischen Partei, die im Oktober 1922 den Marsch auf Rom anführten, an dessen Ende Mussolinis Machtübernahme stand.

Für Meloni dagegen war Balbo »ein großer italienischer Patriot«, und ein Vertreter der Fratelli erklärte, befragt nach der Tatsache, dass die Partei einen Ortsverein mit Balbos Name schmückte: »Er war ein nationaler Held, ein Patriot. Seine Angriffe auf Antifaschisten? So gut kenne ich mich mit der Geschichte nicht aus«.

Jene vorgeschützte mangelnde Geschichtskenntnis schlägt sich auch in der Gedenkpolitik unter der Regierung Meloni nieder. Im Jahr 2024 lehnte das zuständige Wirtschaftsministerium die Ausgabe einer Gedenk-Briefmarke zum 80. Jahrestag der Befreiung Roms durch die Alliierten ab. Doch unmittelbar darauf gab es eine Briefmarke in Erinnerung an Italo Foschi, den Gründer des Fußballvereines AS Rom. Ganz nebenher war jener Foschi jedoch auch Anführer der Schwarzhemden, sprich der faschistischen Schlägerbanden, die Mussolini den Weg an die Macht ebneten – und er brachte im Jahr 1924 ganz offen seine Bewunderung für Amerigo Dumini zum Ausdruck, der den sozialistischen Abgeordneten Giacomo Matteotti entführt und ermordet hatte. »Du bist ein Held, würdig unser aller Bewunderung«, ließ Foschi Dumini wissen.

Als sich im Juni 2024 der Mord an Matteotti zum hundertsten Mal jährte, konnte Meloni nicht umhin, den »freien und mutigen Mann, der von faschistischen Schlägern wegen seiner Ideen getötet wurde«, zu würdigen. Doch erneut war es nur die halbe Wahrheit: Dass jene faschistischen Mörder einem von Mussolini selbst angeleiteten informellen Geheimdienst angehörten, dass Mussolini selbst mit höchster Wahrscheinlichkeit den Mordauftrag erteilte, behielt Meloni für sich.

Ähnlich verdruckst ist der Umgang der Fratelli d'Italia mit einem anderen Gedenktag, mit dem 24. März. An jenem Tag im Jahr 1944 erschossen deutsche Truppen in den Ardeatinischen Höhlen am Stadtrand Roms 335 Männer, als Racheakt für einen Partisanenanschlag vom Vortag, dem 32 Angehörige eines deutschen Polizeibataillons zum Opfer gefallen waren. Meloni teilte am 24. März 2023 mit, die Opfer seien ermordet worden, »nur weil sie Italiener waren« – und hatte wieder einmal die Wahrheit verbogen. Unter den Erschossenen waren 75 Juden, waren Antifaschisten, waren Widerstandskämpfer, ermordet aus diesen Gründen – und nicht »bloß weil sie Italiener waren«. Auch ihr Parteifreund Ignazio La Russa, einer der führenden Köpfe der FdI und heute Präsident des Senats, versuchte sich an Geschichtsklitterung. Er wusste zu berichten, dass die deutschen Angehörigen des Polizeibataillons keineswegs SS-Angehörige waren, sondern »halbpensionierte Angehörige einer Musikkapelle«. Der Subtext: Eigentlich die Schuld trugen die Partisanen, die harmlose Musiker eines Spielmannszugs attackierten und so den deutschen Racheakt provozierten. Nichts an dieser Geschichte, die La Russa erzählte, stimmt.

La Russa, seit den frühen 1970er-Jahren im Movimento Sociale Italiano in Mailand aktiv, steht wiederum auch dafür, dass es mit Melonis Abgrenzung von den »Nostalgikern« nicht so weit her ist. Jedenfalls brüstet sich der heutige Senatspräsident gern mit jenen Mussolini-Büsten, die sein Wohnzimmer zieren. Und auch andere führende FdI-Politiker zeigen sich durchaus offen auf diesem Feld. So zeigte sich Francesco Acquaroli, Präsident der Region Marken, am 28. Oktober 2019 bei einem großen Abendessen, das von Aktivisten seiner Partei zum Gedenken an den Jahrestag des Marschs auf Rom ausgerichtet war. Kritik seitens der Vorsitzenden erfuhr er nicht.

Und welcher Geist auch heute noch an Teilen der FdI-Basis weht, machte im Jahr 2024 eine Recherche des Portals *Fanpage.it* deutlich. Eine junge Fanpage-Journalistin hatte sich als angebliche Sympathisantin in die FdI-Jugendorganisation Gioventù Nazionale eingeschlichen. Dort bekam sie einiges mit, zum Beispiel von der Parteijugend intern ausgerichtete Rockkonzerte, bei denen Handys und Tablets am Eingang abgegeben werden mussten, denn danach ging es zur Sache, mit hartem Rechtsrock, mit »Duce!«- oder »Sieg Heil«-Rufen. Die Journalistin filmte auch Bekenntnisse einer Jugendfunktionären, die zugleich als Assistentin einer FdI-Abgeordneten tätig war, und die sich ganz selbstverständlich als »Faschistin und Rassistin« outete, während eine andere Funktionärin über »die Juden« herzog.

Kaum machte die Website *Fanpage.it* die Geschichte publik, regte Giorgia Meloni sich fürchterlich auf – jedoch nicht über ihre Parteijugend, sondern über die Website. Deren Journalismus gehe mit autoritären Methoden vor, er schaue durchs Schlüsselloch, ohne die Privatsphäre zu respektieren, kritisierte sie, musste sich allerdings daran erinnern lassen, dass gerade in autoritären Regimes investigativer Journalismus eher unüblich ist. Erst als die jüdische Senatorin auf Lebenszeit, die 94-jährige Auschwitz-Überlebende Liliana Segre, die Frage stellte, ob sie wieder mit ihrer Vertreibung rechnen müsse, begriff Meloni, dass sie den Fall einhegen musste. Die namentlich bekannten Funktionärinnen wurden von der Partei suspendiert, gegen sie läuft ein Ausschlussverfahren, gegen sie sind erneut Melonis Bekundungen zu hören, für »Nostalgiker« sei kein Platz in den Fratelli d'Italia.

Jene Bekundungen sind wahrscheinlich durchaus ernst gemeint. Anders als im neofaschistischen Movimento Sociale Italiano bis 1994 zeigen sich auf den FdI-Kongressen die Delegierten nicht mehr im Schwarzhemd, niemand reckt den Arm zum »römischen Gruß«, keiner stimmt alte faschistische Lieder an. Vor diesem Hintergrund streiten Experten in Italien darüber, ob FdI überhaupt noch eine postfaschistische oder nicht vielmehr eine ganz gewöhnliche rechtskonservative Partei ist. Hatte nicht Meloni selbst erklärt, wenn sie in Großbritannien lebte, wäre sie wohl »Tory«, Mitglied der britischen Konservativen Partei?

Doch die Fratelli d'Italia denken keineswegs daran, die Nabelschnur zum Faschismus endlich zu kappen. Isabella Rauti, führende Politikerin der Partei und Staatssekretärin im Verteidigungsministerium, postete am 26. Dezember 2022 einen Tweet im Gedenken an die Gründung des Movimento Sociale Italiano im Jahr 1946: »Heute will ich an den 26. Dezember vor 76 Jahren erinnern, als in Rom der Movimento Sociale Italiano entstand. Ehre den Gründern und den Aktivisten des Movimento Sociale Italiano . Tiefe Wurzeln gefrieren nicht«.

Rauti, die Tochter Pino Rautis – eines der prominentesten Movimento Sociale Italiano -Politiker, der sich schon als 16-Jähriger freiwillig zu den Mussolini-Truppen gemeldet hatte, der in den

1960er- und 1970er-Jahren große Nähe auch zu rechtsterroristischen Kreisen pflegte – trifft den Punkt. Die Wurzeln auch der heutigen Fratelli im Faschismus sind tief. Dies macht den Unterschied der Partei zu einer gewöhnlichen konservativen oder auch rechtspopulistischen Kraft aus.

Mit dem historischen Faschismus teilt FdI vorneweg das Wertegebäude der »Patrioten«, die für Italiens Größe kämpfen, für ein Land, das identitär definiert wird, in dem die »Tradition« von »Gott, Vaterland, Familie« zählt, in dem das Individuum und die Werte der Aufklärung keine Rolle spielen – für ein, wenn es nach Meloni ginge, stockreaktionäres Land. Mit dem Neofaschismus nach 1945 wiederum teilt FdI den Kult der verschworenen Kampfgemeinschaft der aus der Demokratie Ausgeschlossenen, der »Exilanten im eigenen Land«, wie es beim Movimento Sociale Italiano hieß, oder, wie Meloni es nennt: der »Underdogs«.

In diesen Kult fügt sich auch das alte Feindbild. »Patrioten« nämlich sind nur die Rechten, während die Linke sich konstant vorwerfen lassen muss, sie sei »anti-italienisch«. So heißt es in einem Tweet der Fratelli d'Italia gegen die »anti-italienische Linke« vom Juni 2024, unterlegt mit Bildern von gegen die Regierung Meloni protestierenden Oppositionsabgeordneten, »das einzige Ziel der Linken ist es, Italien zu schaden«. Dieser Vorwurf kehrt immer wieder, und er lebt von der völligen Ineinssetzung von Regierung der »Patrioten«, Staat und Vaterland, worüber die Oppositionskräfte gleichsam zu Vaterlandsverrätern werden.

Gerne auch wird in Italien die These in den Raum gestellt, Meloni wolle nur deshalb dem Postfaschismus kein Ende setzen, weil sie fürchte, Wähler am harten rechten Rand zu verlieren. Dafür spricht wenig, machen doch die faschismusnostalgischen Wähler nach Auskunft der Wahlforscher heute nur noch eine kleine Minderheit des FdI-Anhangs aus. Eher schon ist plausibel, dass Meloni den Schritt deshalb nicht tut, weil sie selbst und große Teile ihrer Partei tatsächlich – wie von ihr immer wieder behauptet – »kohärent« sind, weil sie selbst keinerlei Neigung verspüren, die »tiefen Wurzeln« zu kappen.

Und in eben diesem identitären Geist schickt Meloni sich an, Italien umzubauen – umzubauen zu einem Staat, der den Antifaschismus beiseitelegt, zu einer bestenfalls »a-faschistischen Demokratie«, die den autoritären Geist atmet, der in ihrer Verfassungsreform zum Ausdruck kommt, die zwar keinen Duce mehr an der Spitze sieht, wohl aber einen plebiszitär ermächtigten starken Mann – oder eine starke Frau –, die die Regierung – ebenso wie das Parlament – völlig in der Hand hat. Dies wäre dann das von Meloni erträumte postfaschistische »Italien der Patrioten«.

Kapitel 17: Noch ist Meloni nicht am Ziel

Die Erfolge rechtspopulistischer, ja rechtsextremistischer Parteien sind in Europa keine Ausnahme mehr, ob in Frankreich mit dem Aufstieg von Marine Le Pens Rassemblement National auf über 30 Prozent bei den Parlamentswahlen im Juni-Juli 2024, in den Niederlanden mit dem Sieg des PVV unter Geert Wilders bei den Wahlen im November 2023, ob in Deutschland mit dem Vormarsch der AfD oder in Österreich mit dem der FPÖ.

Insofern stellt Italien heutzutage keine Ausnahme dar – und bleibt doch Ausnahme. Schlagend zeigte sich dies im Angesicht der Resultate der Europa-Wahl vom 9. Juni 2024. Ganz Europa schaute gebannt und oft genug schockiert auf den Sieg Marine Le Pens, die mit ihrem Rassemblement National in Frankreich 31 Prozent erzielt hatte – und darüber ging unter, dass Fratelli d'Italia knapp 29 Prozent und die Lega weitere neun Prozent verbuchen konnten, dass die radikal rechten Parteien Italiens mithin bei 38 Prozent lagen.

Dieser markante Unterschied Italiens zu anderen europäischen Ländern zeigte sich auch bei den nationalen Wahlen der jüngeren Vergangenheit. Marine Le Pens Triumph im ersten Wahlgang der französischen Parlamentswahlen sandte im Sommer 2024 wahre Schockwellen durch Europa, und in Frankreich selbst trieb er Zehntausende Menschen auf die Straße, die gegen die rechte Gefahr protestierten. Nichts dergleichen war in Italien geschehen, als die Meloni-Rechte im September 2022 die Parlamentswahlen gewonnen hatte. Weder hatte es Panik in Europas Hauptstädten gegeben noch hatten Rom, Mailand oder Turin Straßenproteste der Linken gesehen.

Völlig unterschiedlich auch hatten sich schon im Vorfeld der jeweiligen Wahlen die gegen die radikale Rechte stehenden politischen Kräfte in den beiden Ländern aufgestellt. In Frankreich hatte nach der Ankündigung der Wahl binnen weniger Tage die

Linke trotz ihrer Zerklüftung zur »Neuen Volksfront« zusammengefunden, hatten dann vor dem zweiten Wahlgang die Links- und die Mittekräfte im Namen der »Republikanischen Front« und des »Cordon sanitaire« gegen Rechts zu Wahlabsprachen gefunden, die Le Pens Triumph am Ende verhinderten.

Ganz anders Italien: Dort hatten die Mitte-links-Kräfte mit ihrer doppelten Spaltung bei den Wahlen 2022 Giorgia Meloni das Tor zur Macht sperrangelweit geöffnet, ohne sich von dem sicher zu erwartenden Szenario des rechten Wahlsiegs groß schrecken zu lassen. Dort hatte niemand von einem Cordon sanitaire – auf Deutsch würden wir sagen: von der Brandmauer nach rechts – überhaupt nur geredet. Das Schweigen verdankte sich der schlichten Tatsache, dass jene Brandmauer schon Jahrzehnte vorher eingestürzt war.

Denn während die traditionellen Parteien – Christdemokraten, Sozialisten, Kommunisten und die Kleinparteien der Mitte – bis 1994 immer den neofaschistischen Movimento Sociale Italiano als politischen Paria behandelt hatten, während sie auch von der in den 1980er-Jahren aufgestiegenen Lega Nord immer Abstand gehalten hatten, hatte Silvio Berlusconi mit seinem Einstieg in die Politik im Jahr 1994 jene beiden radikal rechten Kräfte von einem Tag auf den anderen hoffähig gemacht, sie in seine Koalition aufgenommen und in die Regierung geführt.

Damit war im Kern damals schon der antifaschistische Grundkonsens aufgekündigt, in dem Italiens Verfassung von 1948 wurzelte und der bis 1994 getragen hatte. Keine der Parteien aus Berlusconis Koalition hatte bei der Ausarbeitung dieser Verfassung eine Rolle gespielt, keine dieser Parteien auch verteidigte sie rundheraus: Während Berlusconis Forza Italia und die Postfaschisten unter Gianfranco Fini vom Umbau Italiens zu einem Präsidialregime träumten, wollte Umberto Bossis Lega Nord gleich die Axt an den Einheitsstaat Italien legen.

Tief auch war nach 1994 die Zäsur in der politischen Kultur. Vorneweg Berlusconi selbst tat alles dafür, den früher verbindenden

Wert des Antifaschismus in die Ecke zu stellen, beginnend mit seiner Weigerung, als Ministerpräsident den 25. April, den »Tag der Befreiung«, überhaupt zu begehen. Schon in seinen Zeiten begab sich Italien mithin auf den Weg von der antifaschistischen zur a-faschistischen Demokratie. An diese von den Berlusconi-Regierungen bis 2011 geleisteten Vorarbeiten konnte Giorgia Meloni anknüpfen, als sie ihrerseits im Jahr 2022 die Macht erlangte.

Auch deshalb konnte Meloni den Eindruck vermeiden, ihre Regierungsübernahme stelle einen radikalen, womöglich traumatischen Bruch dar, auch deshalb konnte sie ihre Amtsgeschäfte einigermaßen geräuschlos führen, ohne ein Klima sich radikal zuspitzender Konflikte zu schaffen und ohne Irritationen bei den eher gemäßigten Teilen ihrer Wählerschaft zu riskieren. Bisher erweist diese Linie sich als erfolgreich. Bei den Europawahlen vom Juni 2024 steigerten die Fratelli d'Italia ihr Resultat noch einmal auf knapp 29 Prozent (gegenüber 26 Prozent bei den Parlamentswahlen 2022). Die gesamte Rechtsallianz konnte für sich sogar 47 Prozent verbuchen.

Meloni begriff diesen erneuten Wahlsieg – bei den Europa-Wahlen waren auf der anderen Seite sowohl Emmanuel Macron in Frankreich als auch Olaf Scholz in Deutschland abgestraft worden – als Legitimation, ihren Kurs des Umbaus Italiens weiter voranzutreiben, und vordergründig stehen ihre Erfolgschancen gut. Denn anders als etwa während der Regierung Berlusconi in den Jahren 2001–2006 lösten ihre Reformvorhaben bisher keine Massenproteste, keine Großdemonstrationen aus.

Noch aber ist Meloni nicht am Ziel. Mittlerweile hat auch das Gros der Oppositionskräfte begriffen, dass sie nur geeint eine Chance gegen die Rechte haben. Dies gilt vorneweg für den Partito Democratico, der im Februar 2023 den Führungswechsel hin zu der 38-jährigen Outsiderin Elly Schlein erlebte, einer jungen Frau, die erst wenige Monate vorher in die Partei eingetreten war, um bei den Urwahlen des Vorsitzenden kandidieren zu können. Sie hatte sich mit einem klaren linken Profil sowohl auf dem

Feld der sozialen als auch der Bürgerrechte beworben. Viele Beobachter hatten deshalb geunkt, der Partito Democratico könne sich spalten, nachdem sie zur Vorsitzenden gewählt worden war. Doch Schlein hatte nicht nur die Einheit der Partei gewahrt, sie hatte auch das seit den Zeiten Matteo Renzis zerrüttete Verhältnis zu den Gewerkschaften wieder positiv gewendet – und sie hatte beharrlich an der Einigung der Opposition gearbeitet.

Bei den Fünf Sternen steht ihr der Chef der Bewegung, Giuseppe Conte, gegenüber. Auch er verkündet mittlerweile, die Opposition müsse gemeinsam agieren, wo immer sie in Sachfragen Konvergenzen findet. Dies gelang dem PD, den Fünf Sternen, der radikal linken Liste Alleanza Verdi Sinistra (Grün-linke Allianz) schon in einer gemeinsamen Kampagne zum Mindestlohn ebenso wie gegen die Kürzungen im öffentlichen Gesundheitswesen. Und auch bei den auf den Umbau des Staates zielenden Reformen – der Direktwahl des Regierungschefs, der »differenzierten Autonomie« der Regionen, der Justizreform – werden die Oppositionsparteien geeint auftreten, um jene Reformen mit Referenden zu durchkreuzen.

Giorgia Meloni wird, getragen vom bisher stabilen Konsens des Wahlvolks ebenso wie von ihrer breiten Parlamentsmehrheit, ihrerseits vom Ziel des Umbaus des Staates in eine postfaschistische Demokratie der »Patrioten« keinen Zentimeter abrücken. Ob sie am Ende Erfolg hat, liegt in den Händen der Italiener.